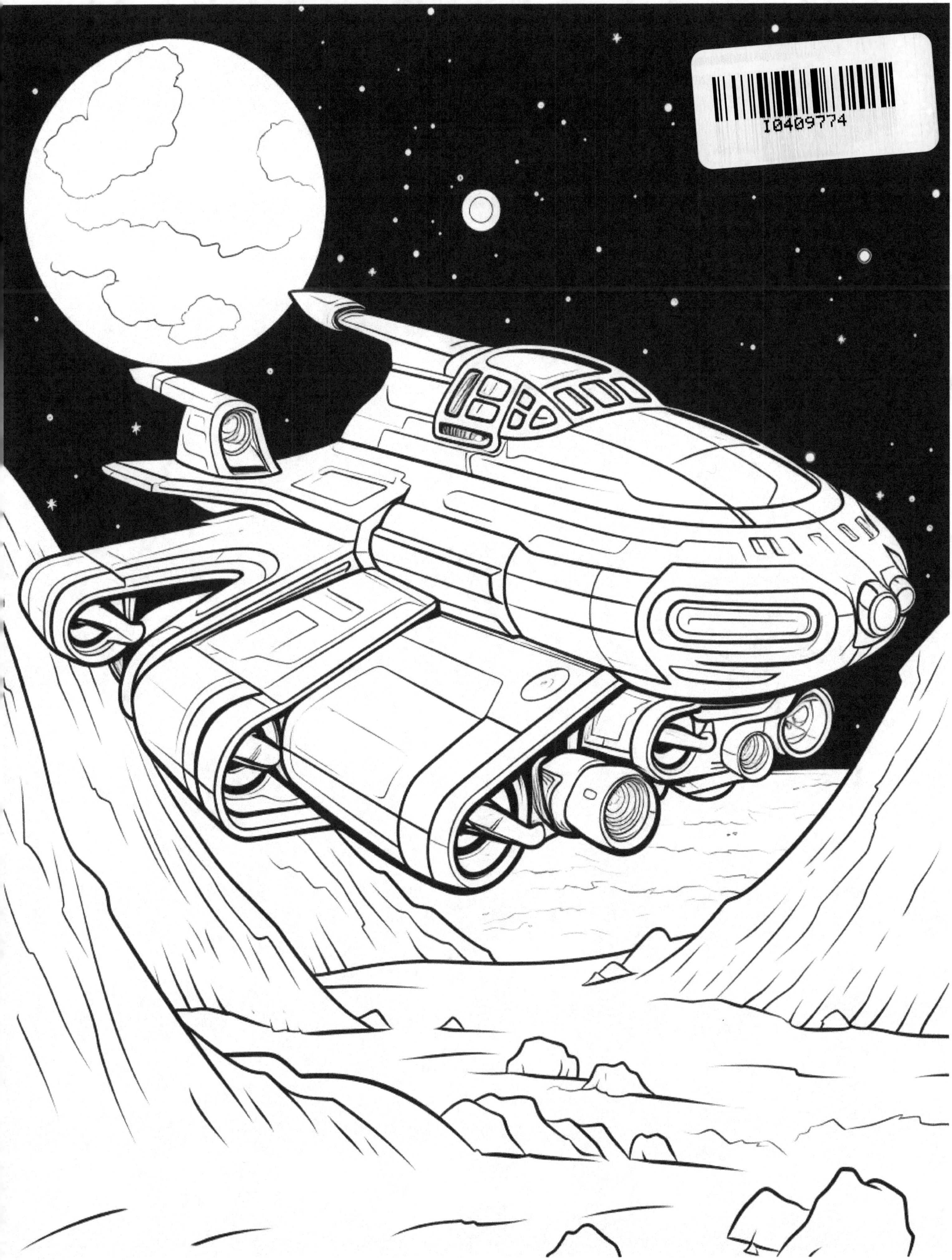

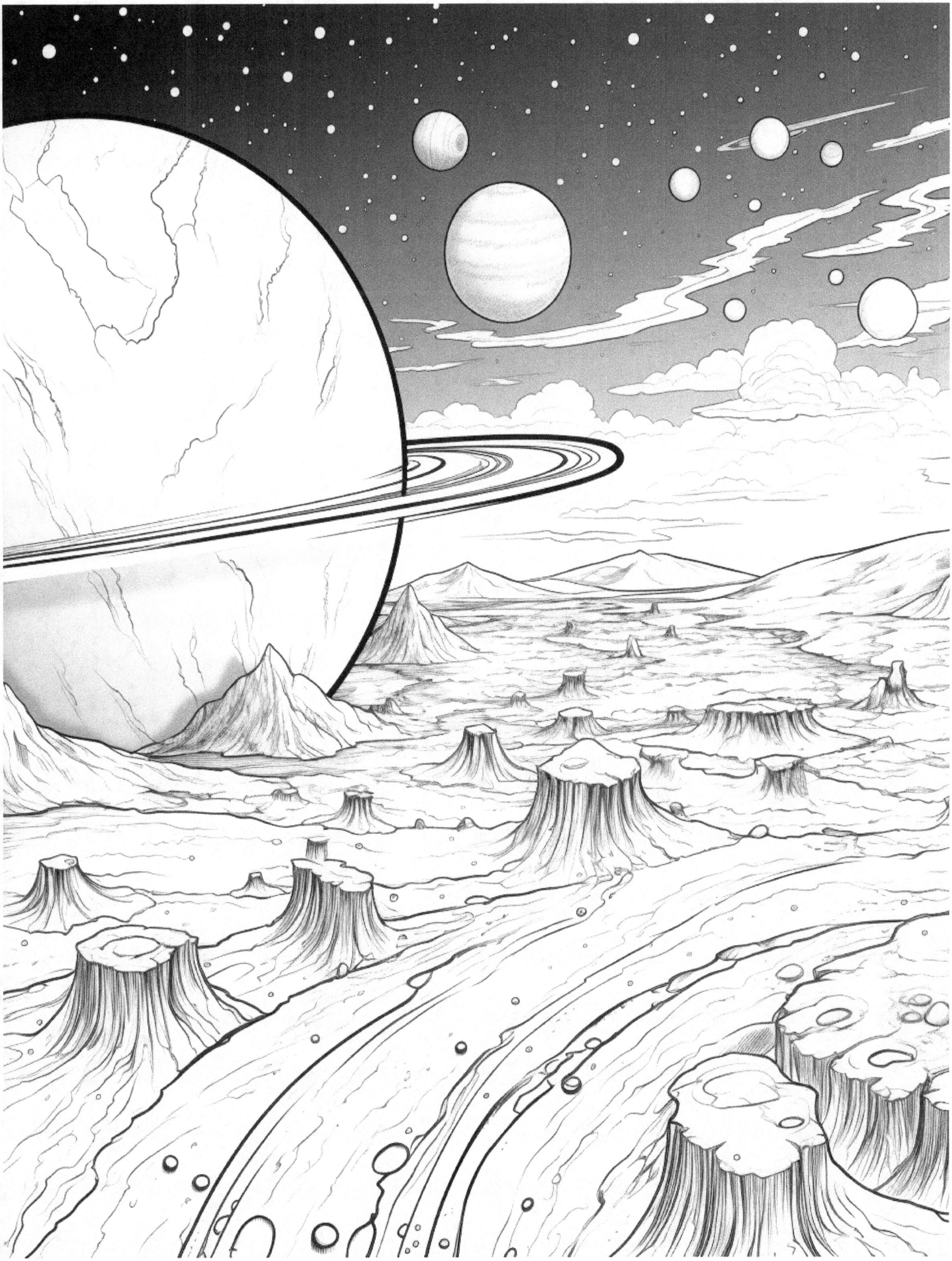

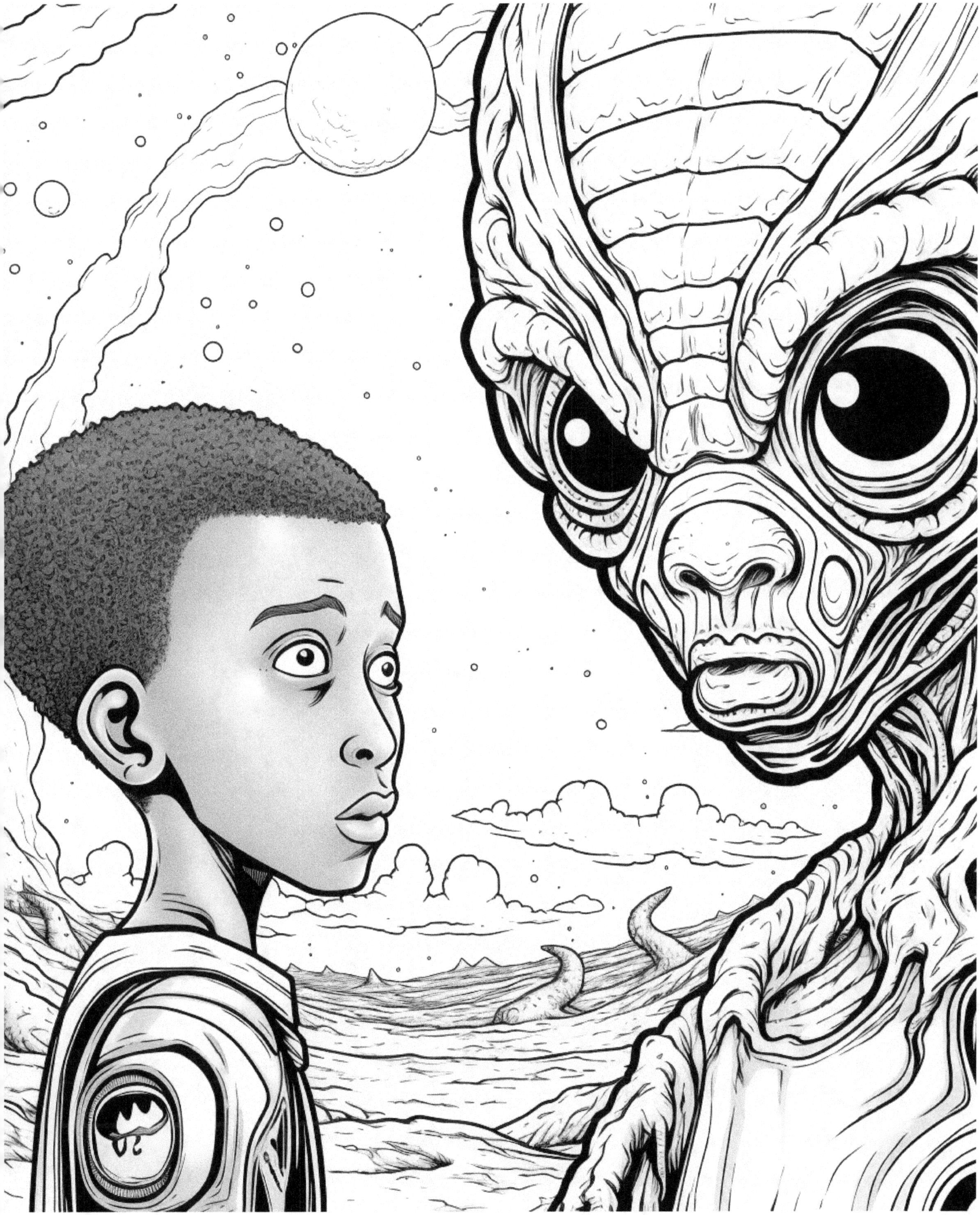

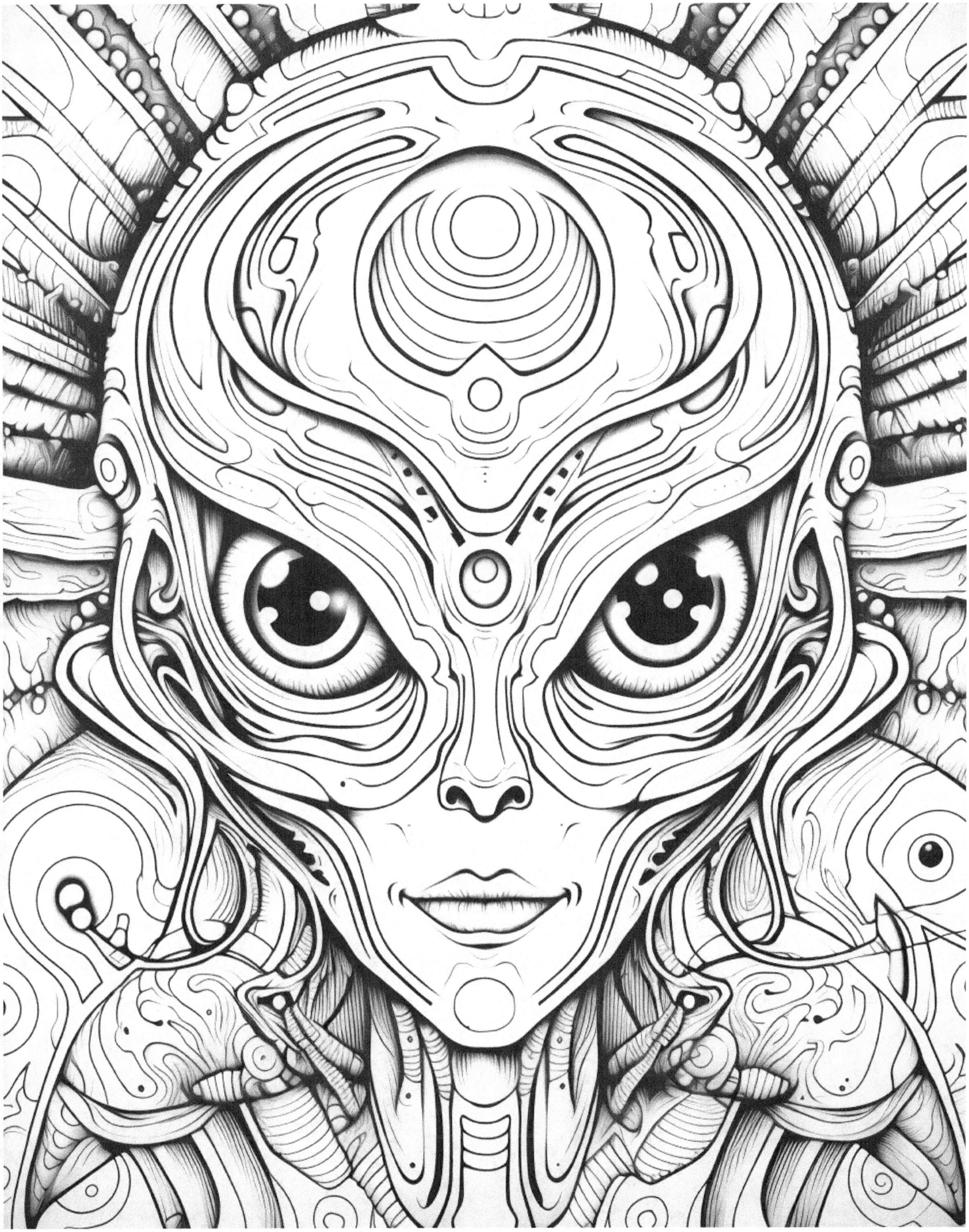

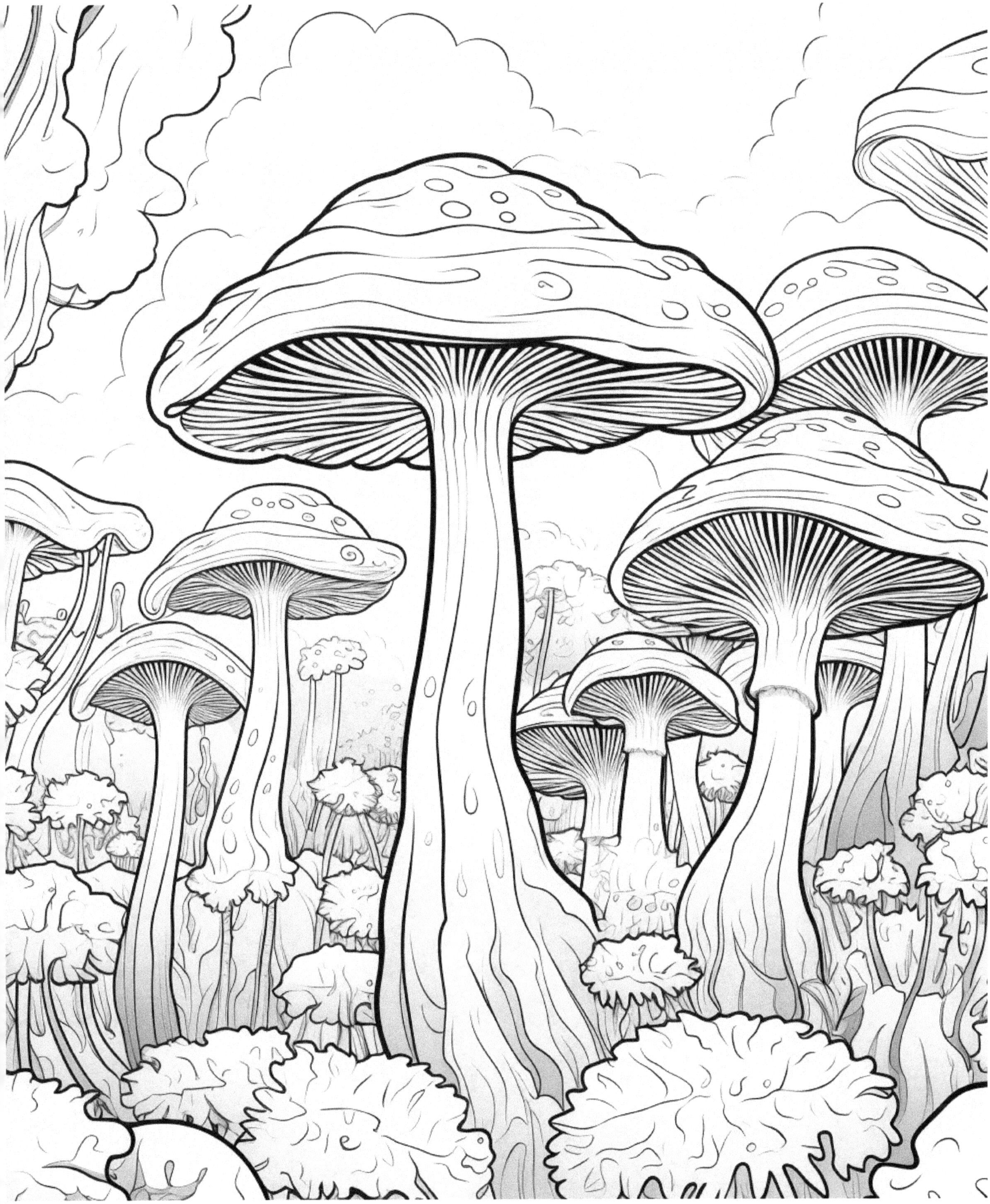

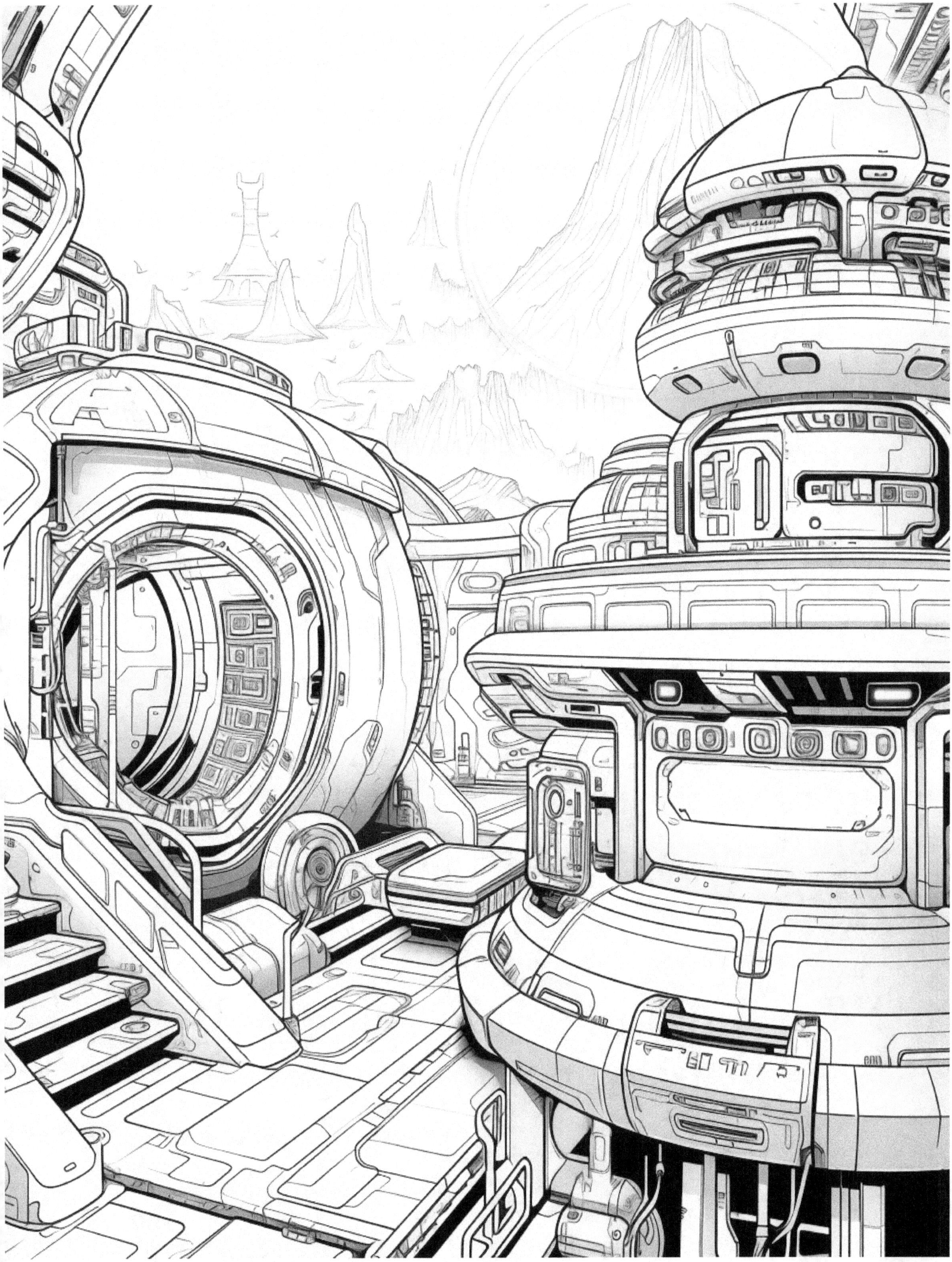

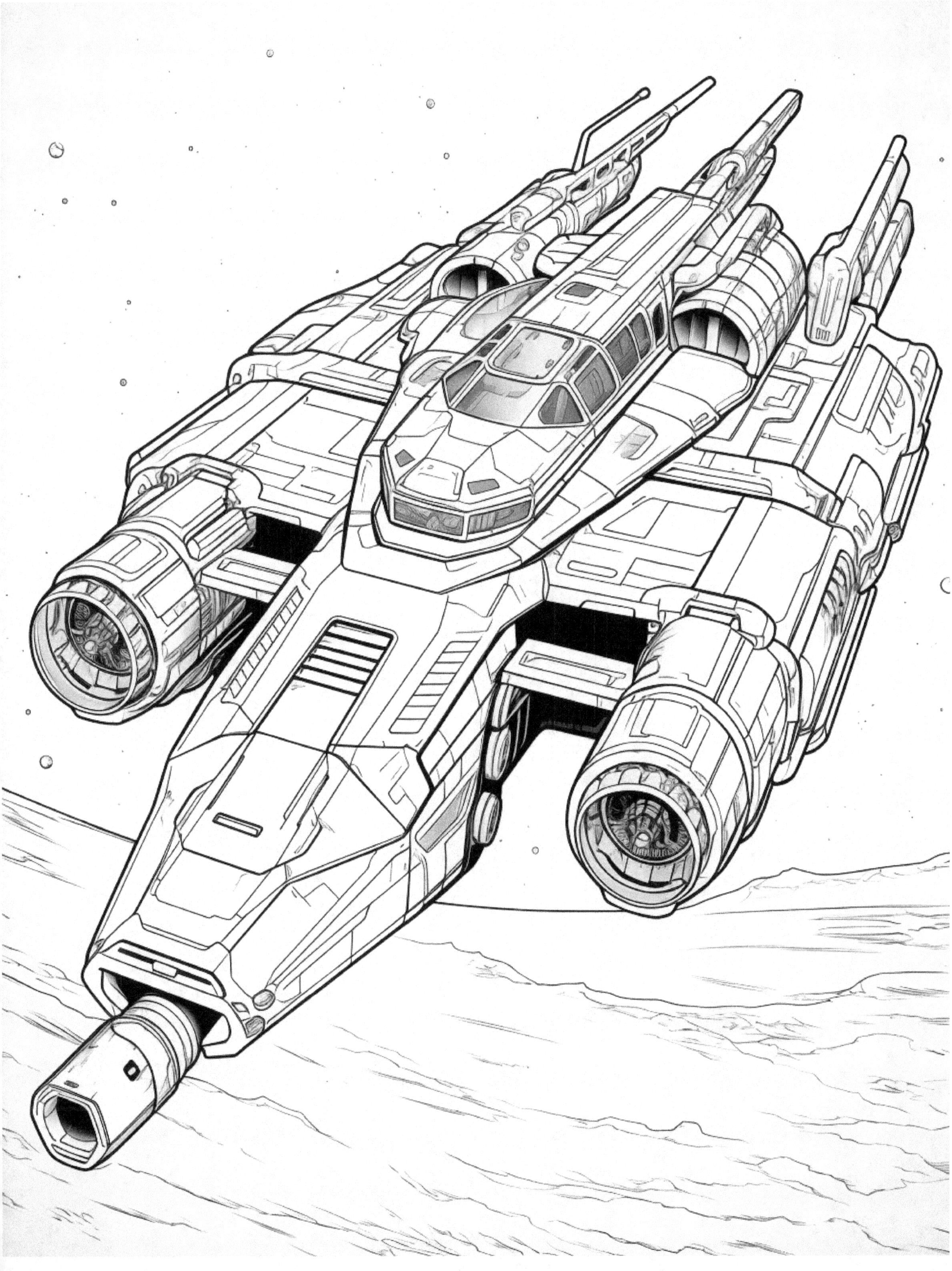

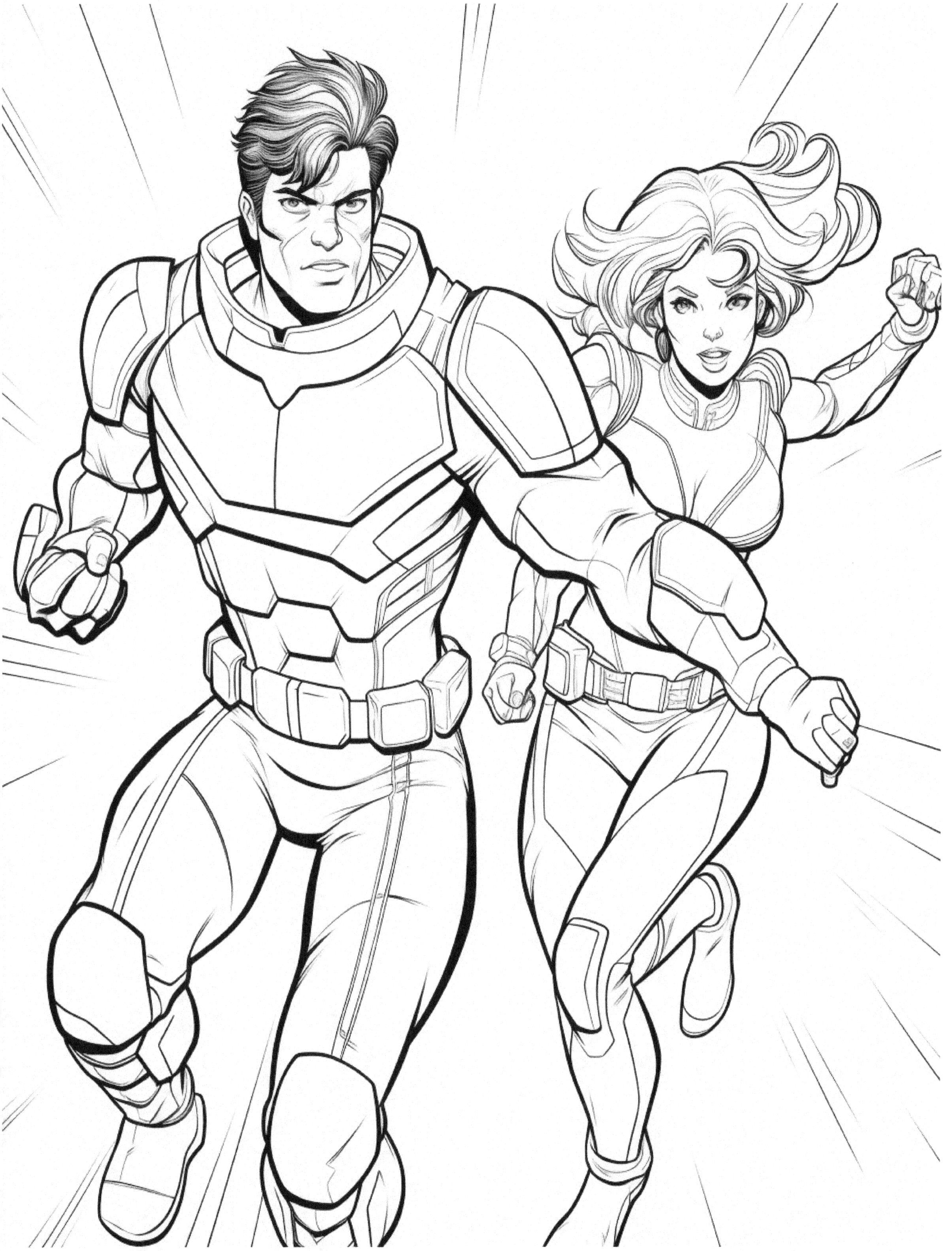

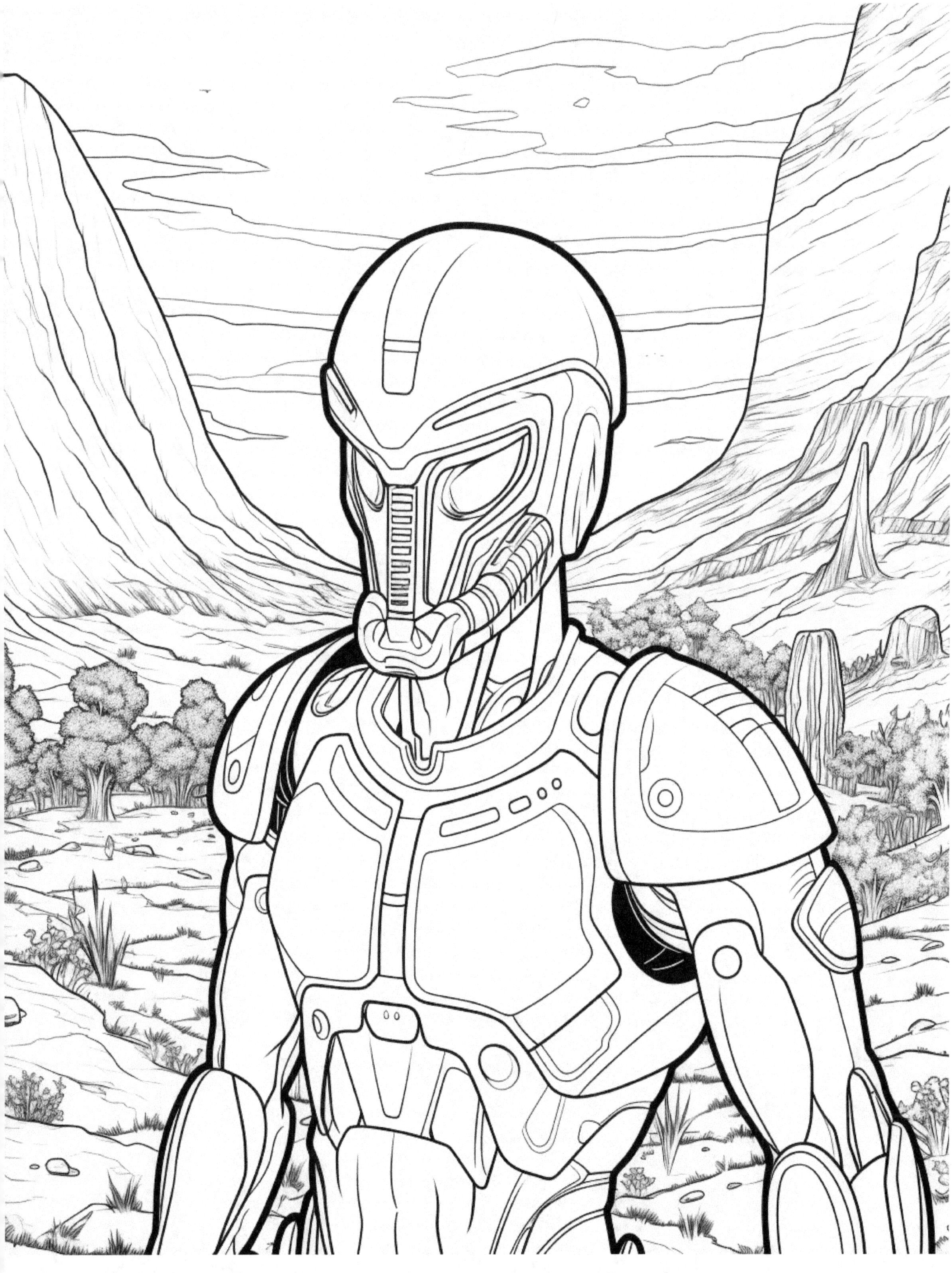

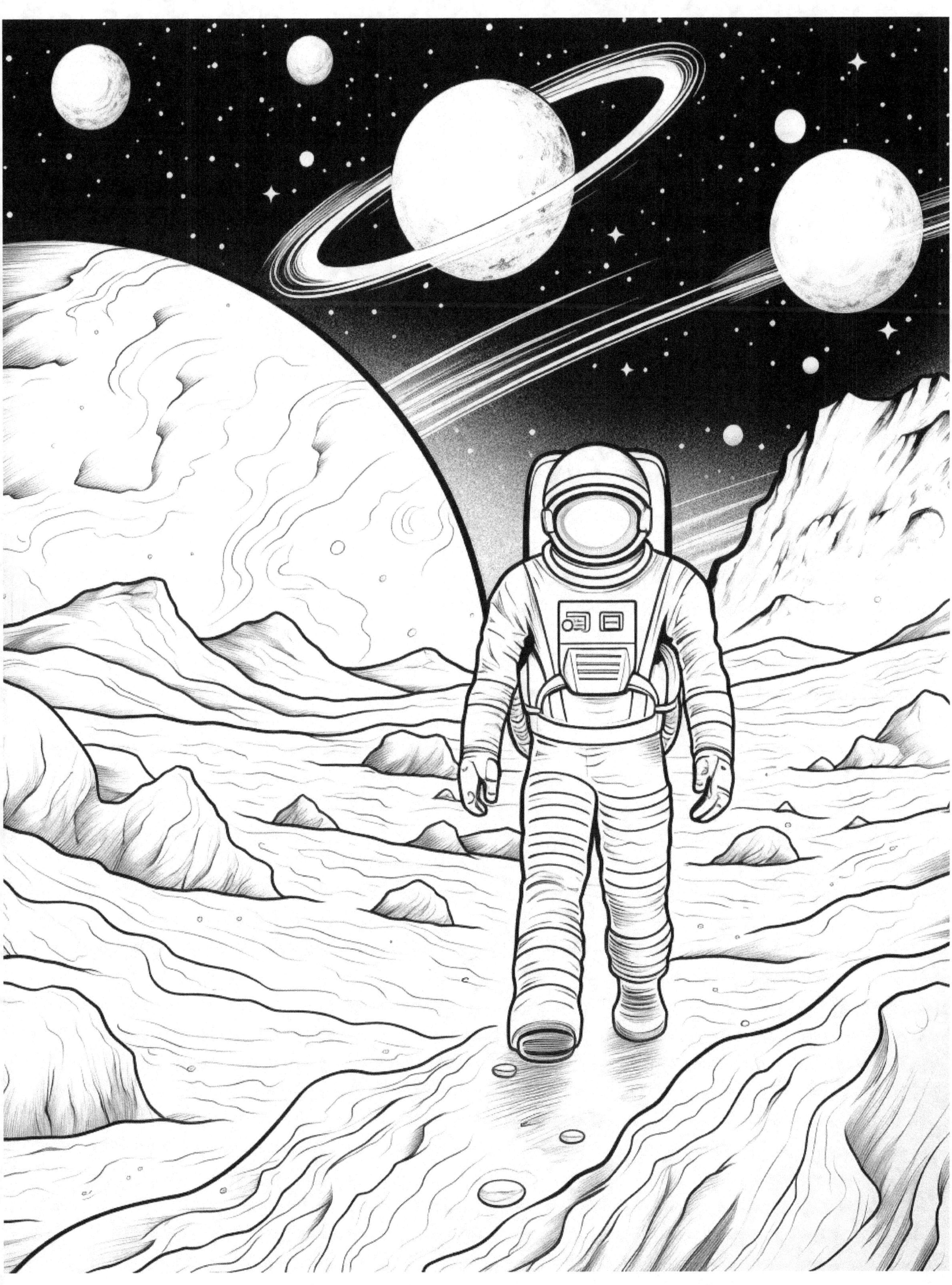

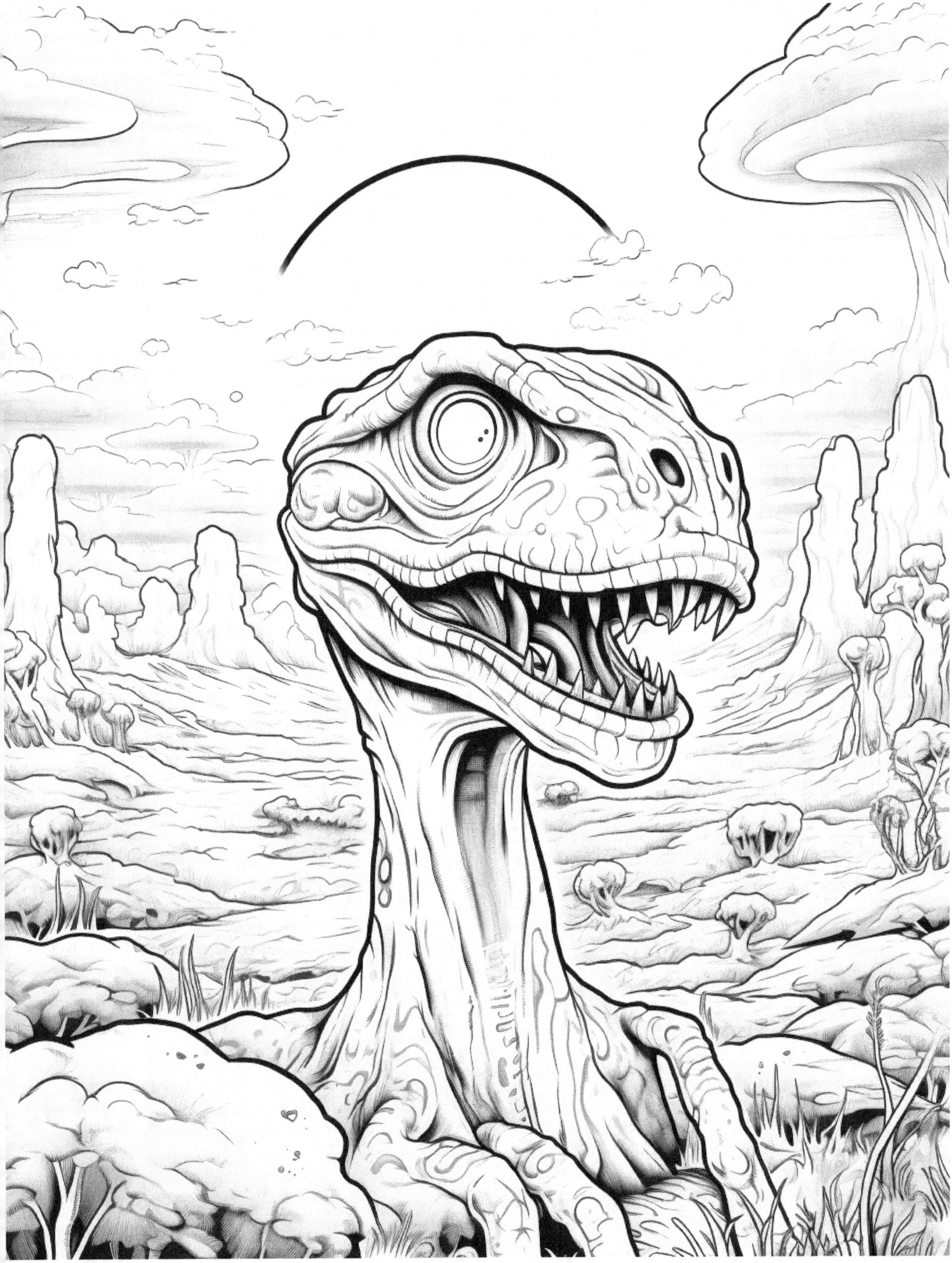

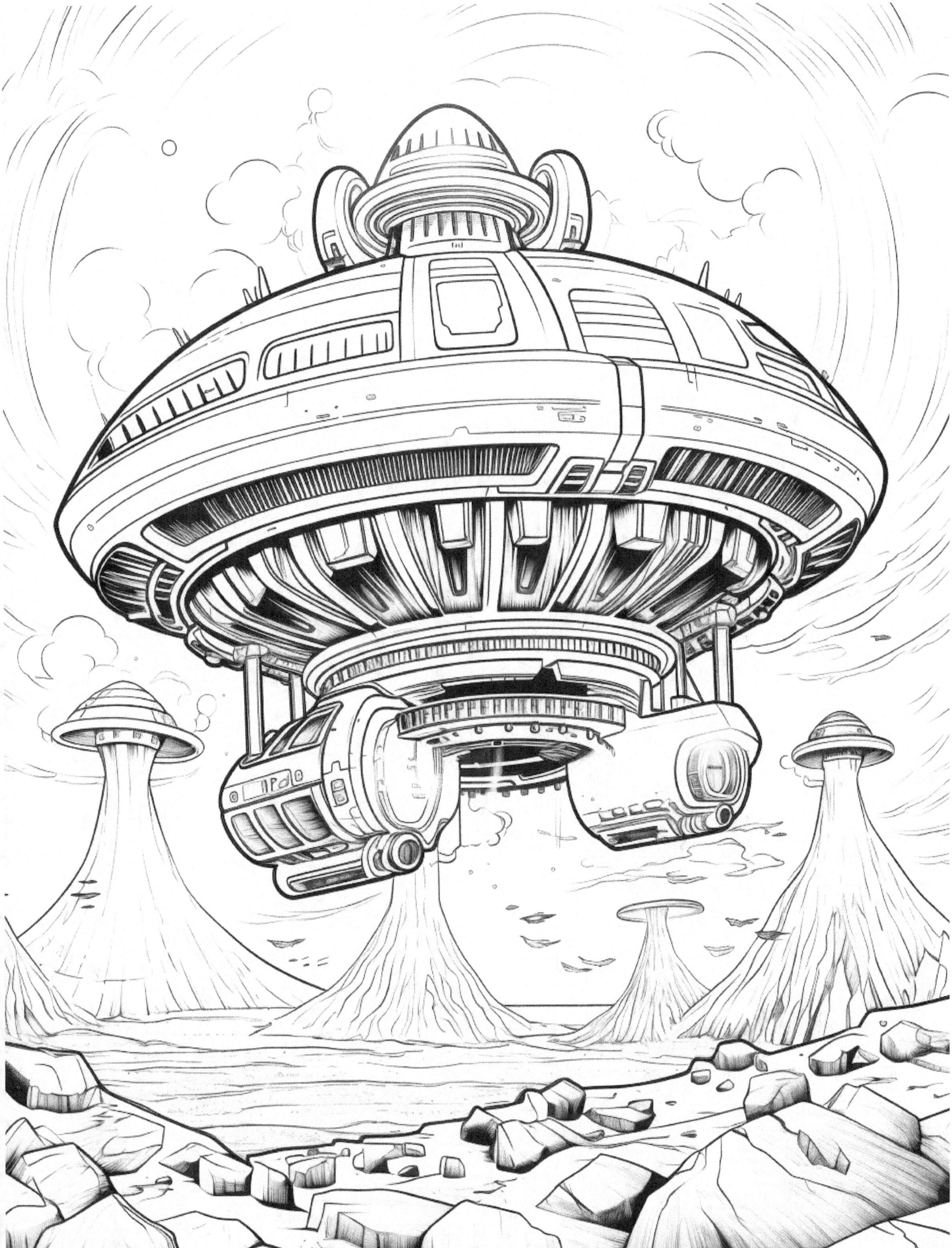

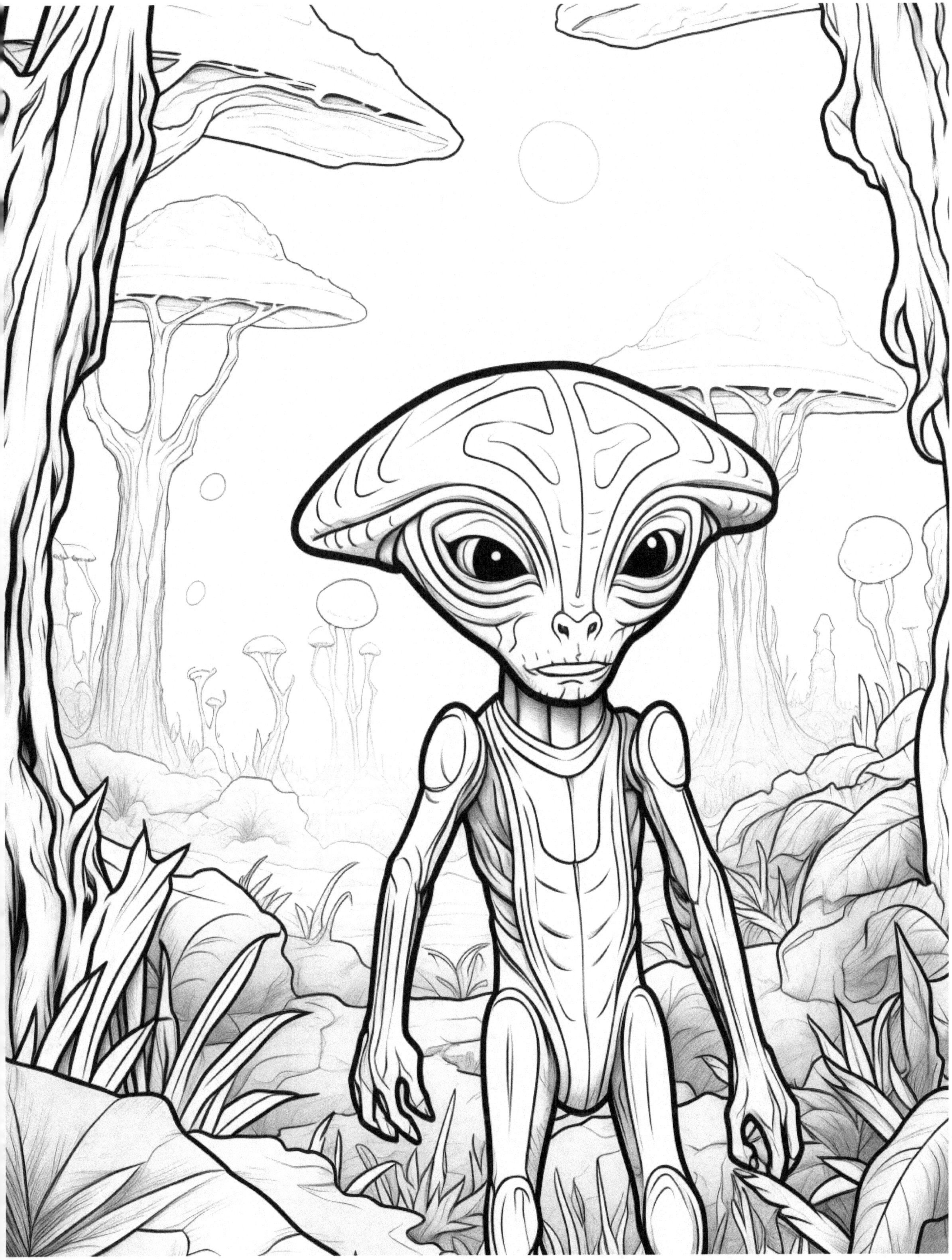

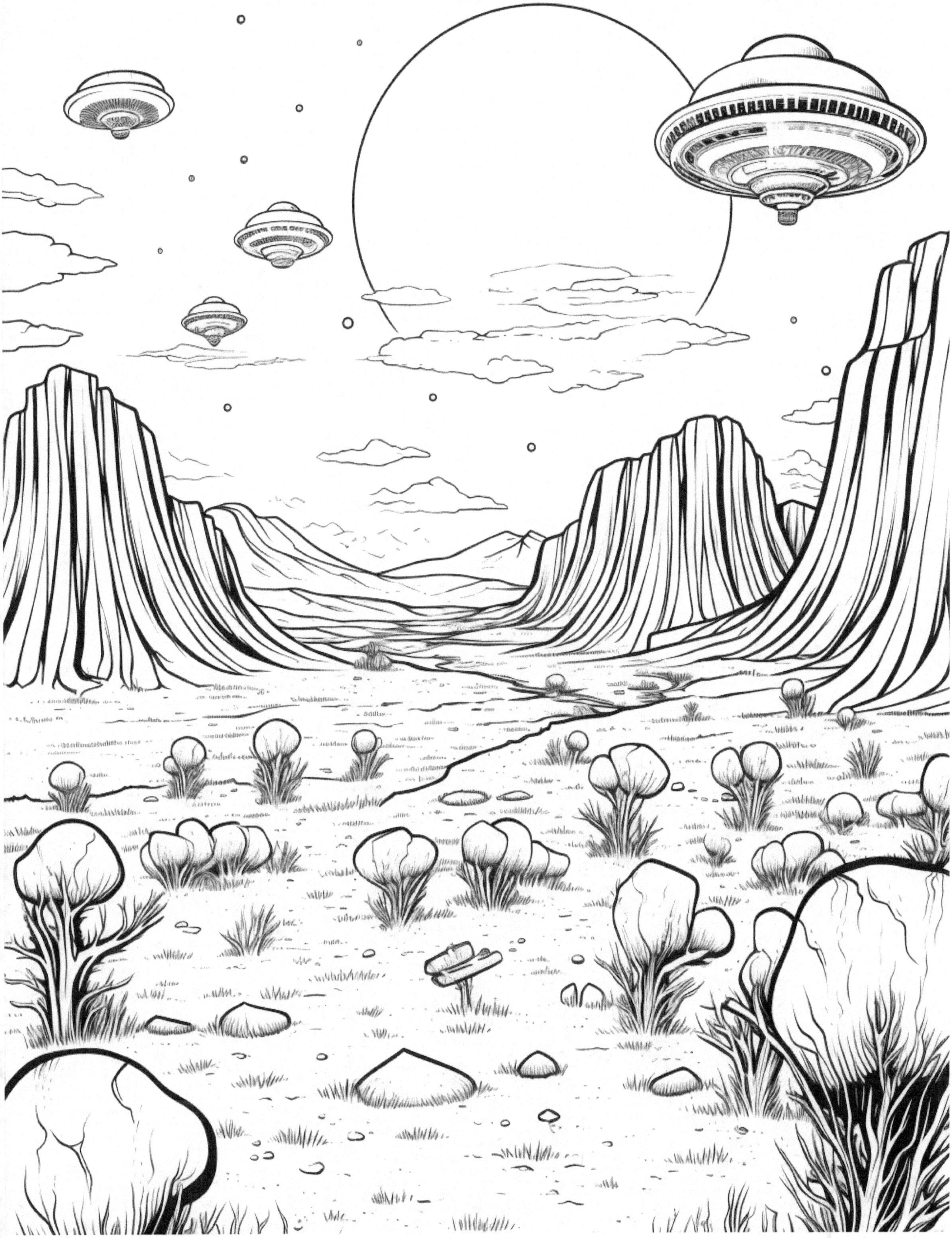

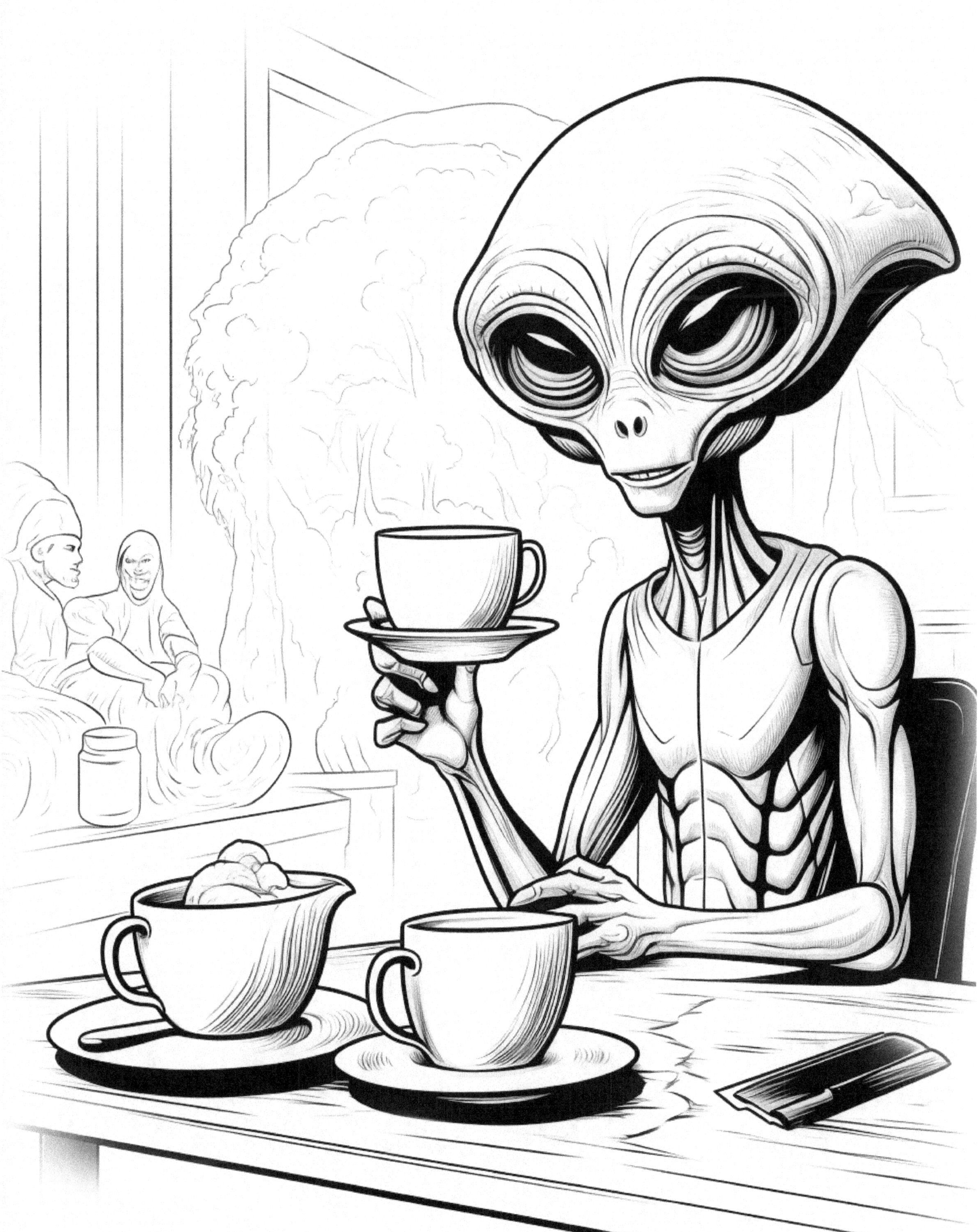

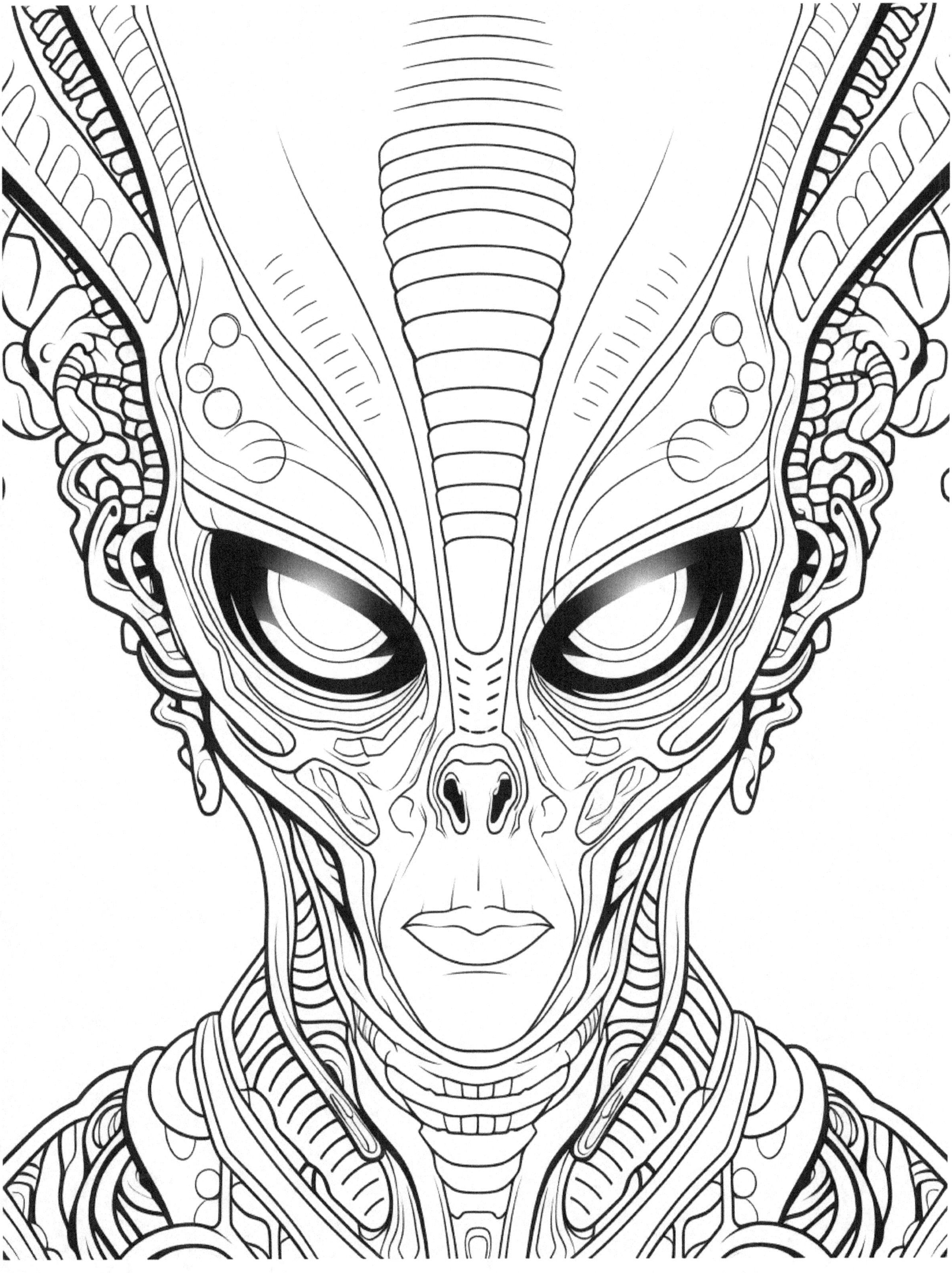

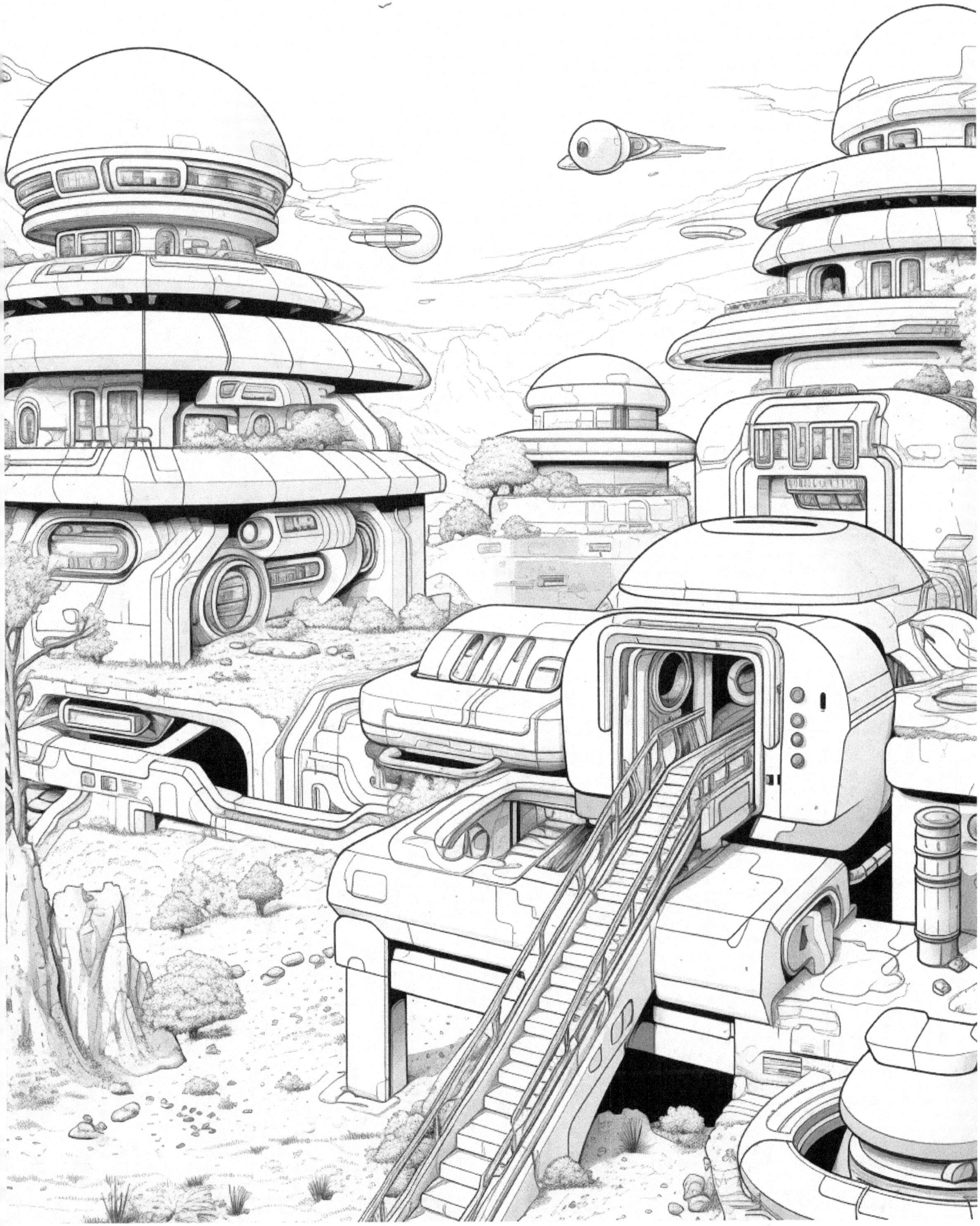

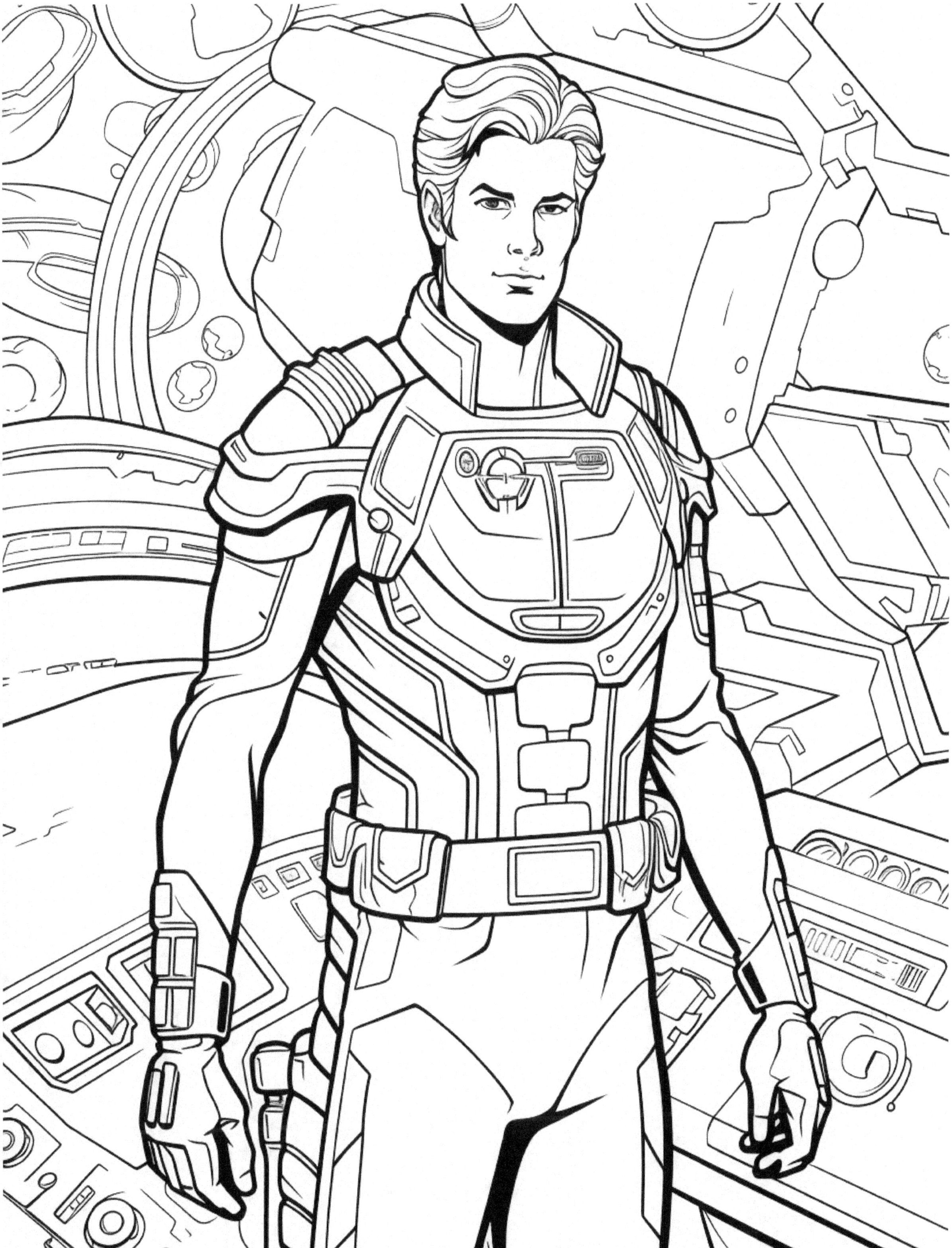

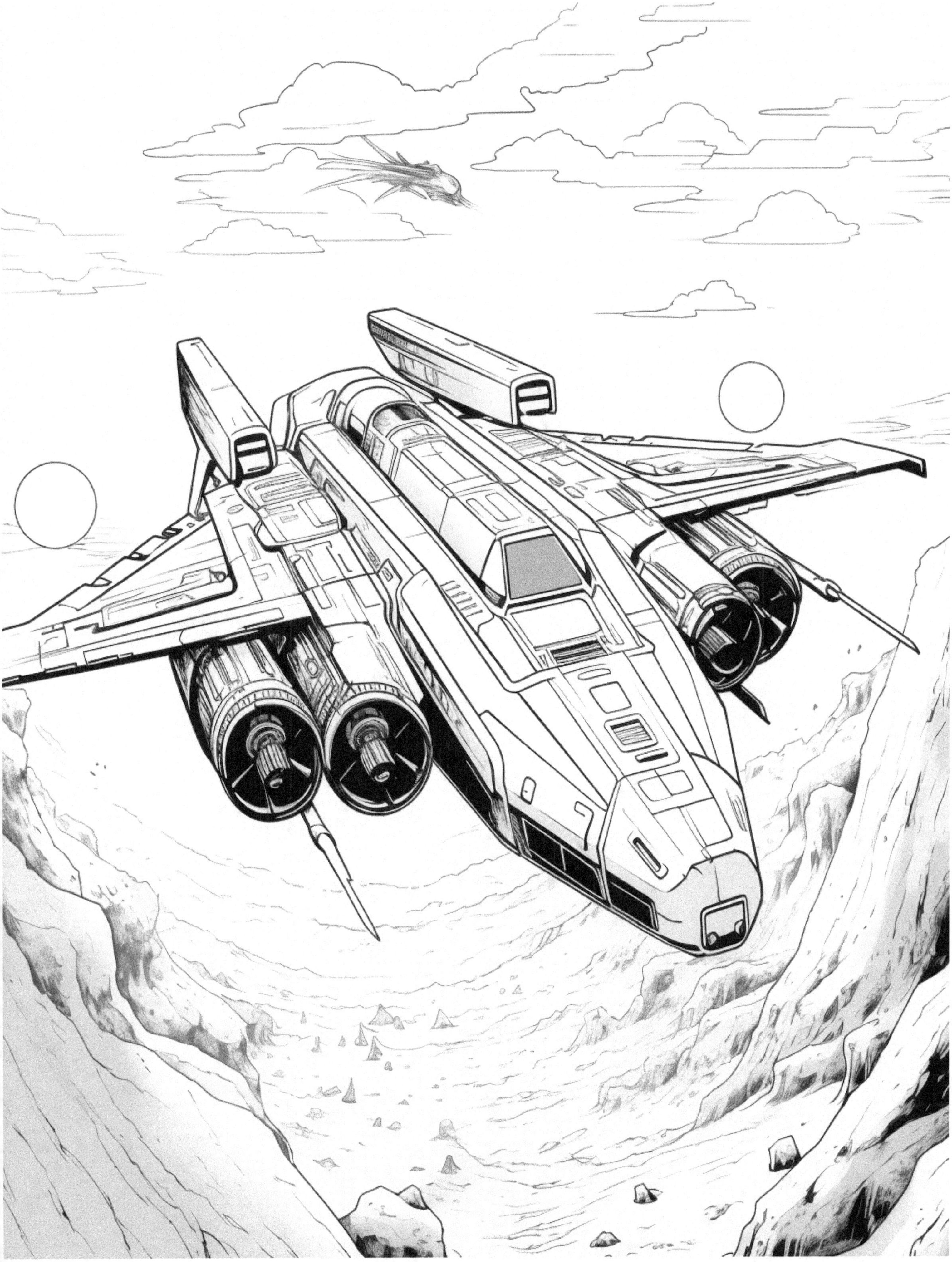

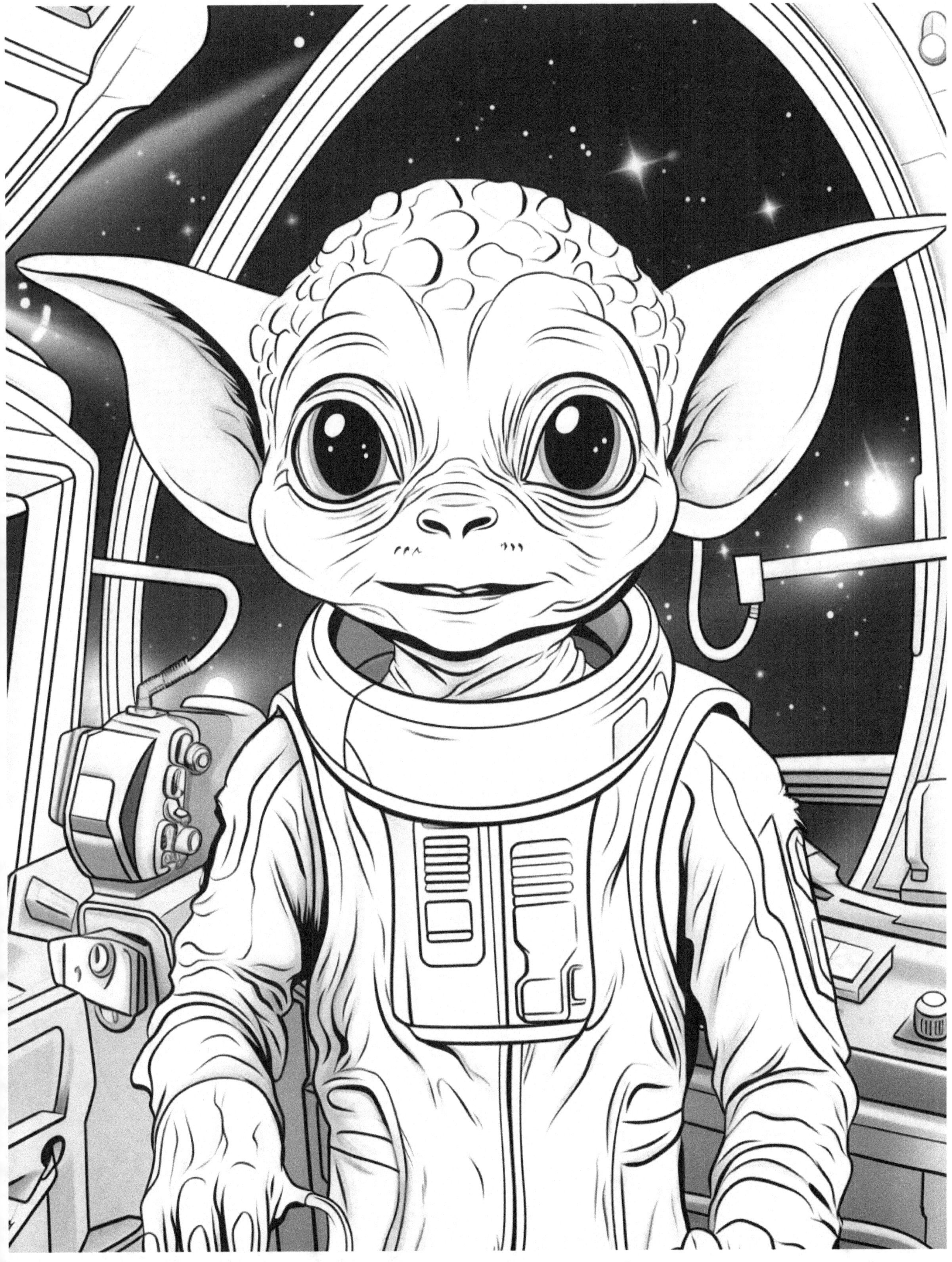

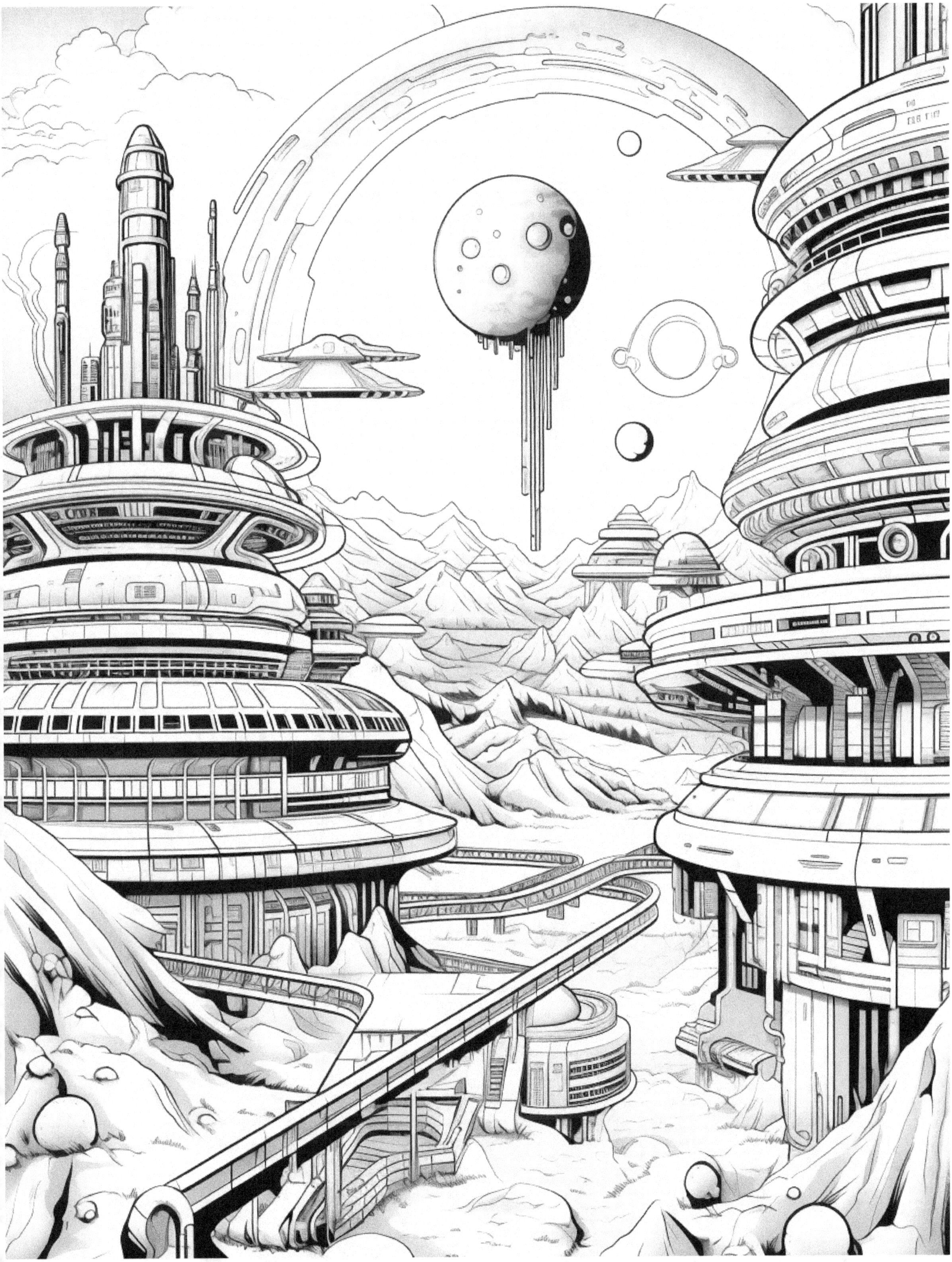

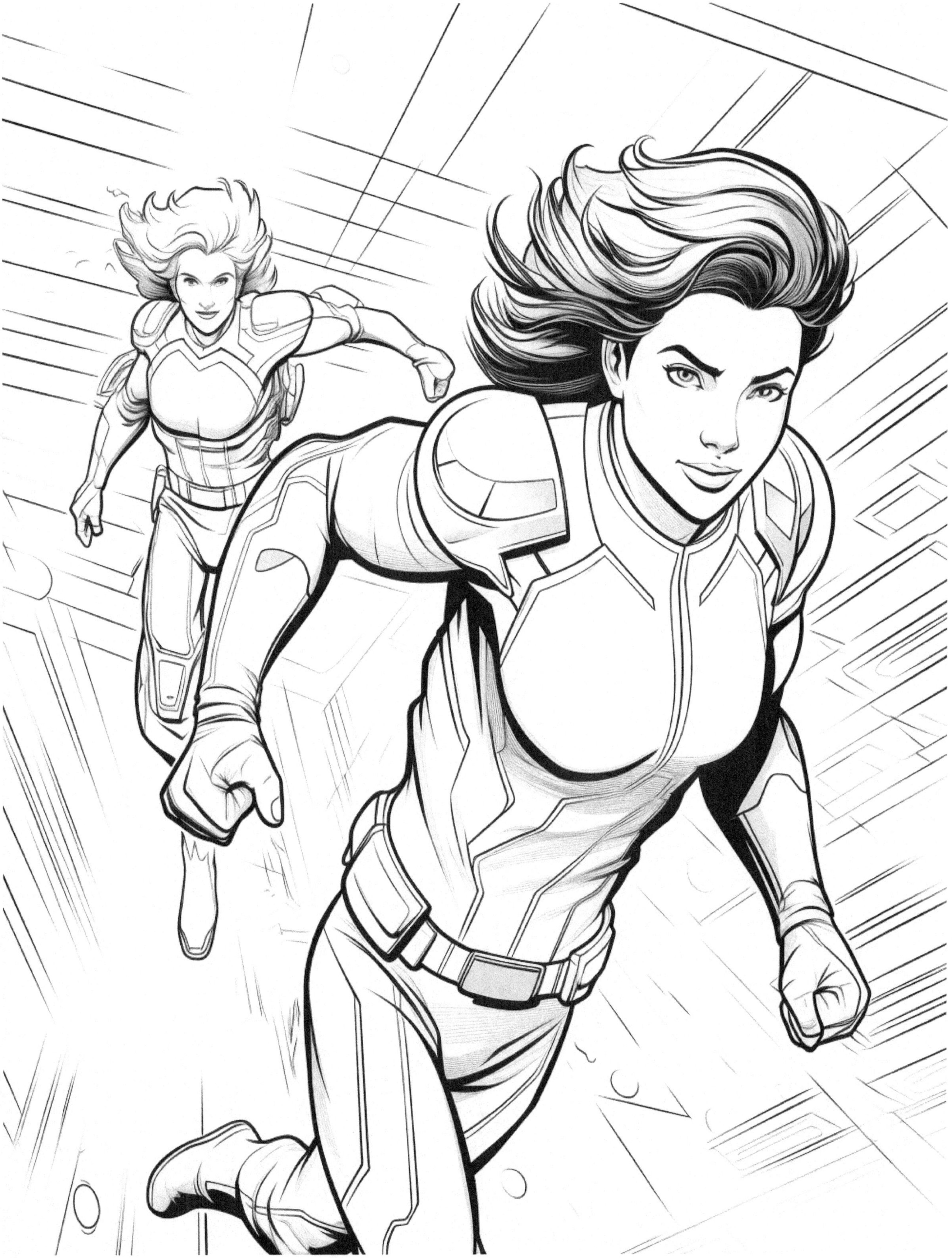

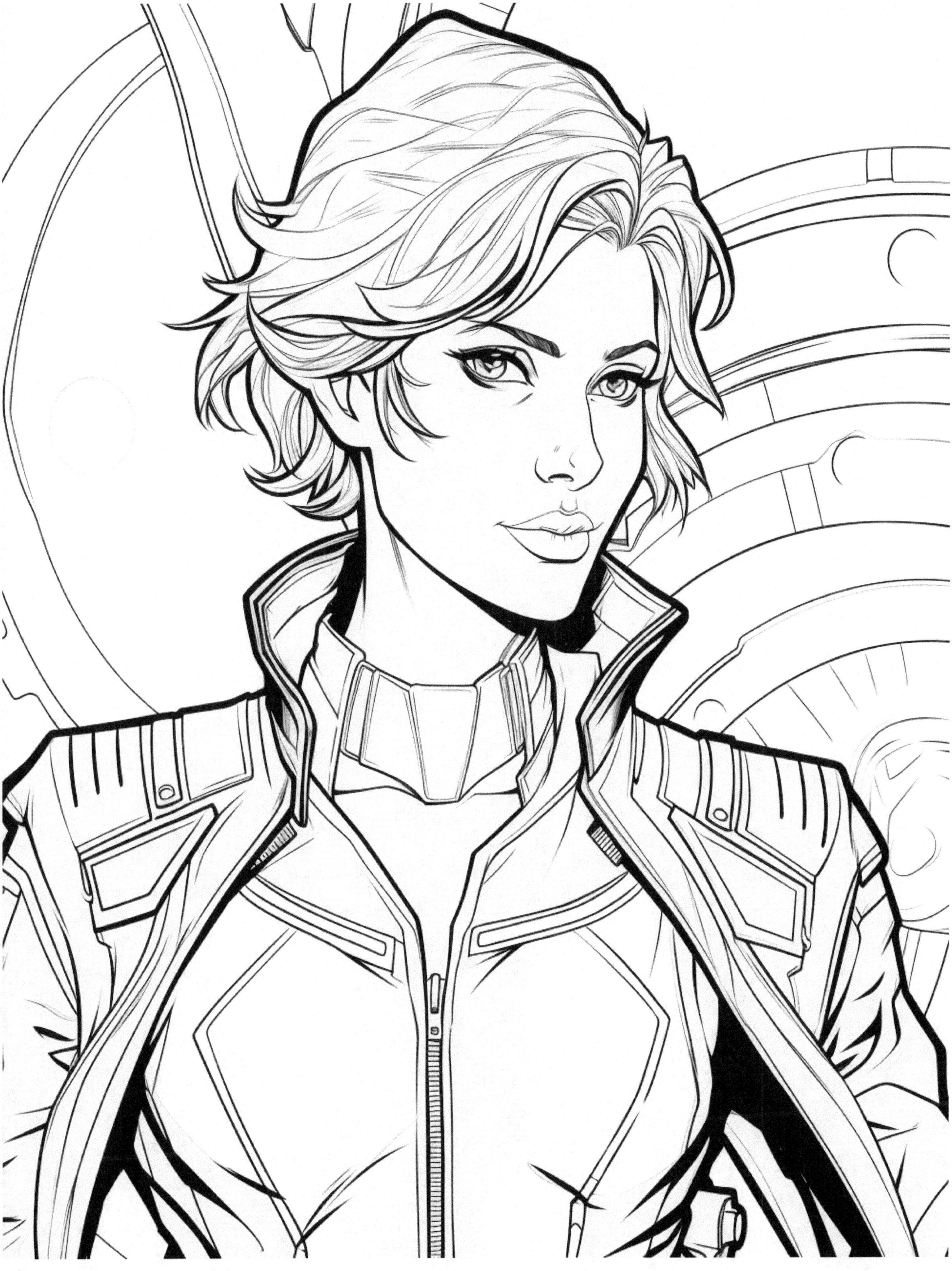

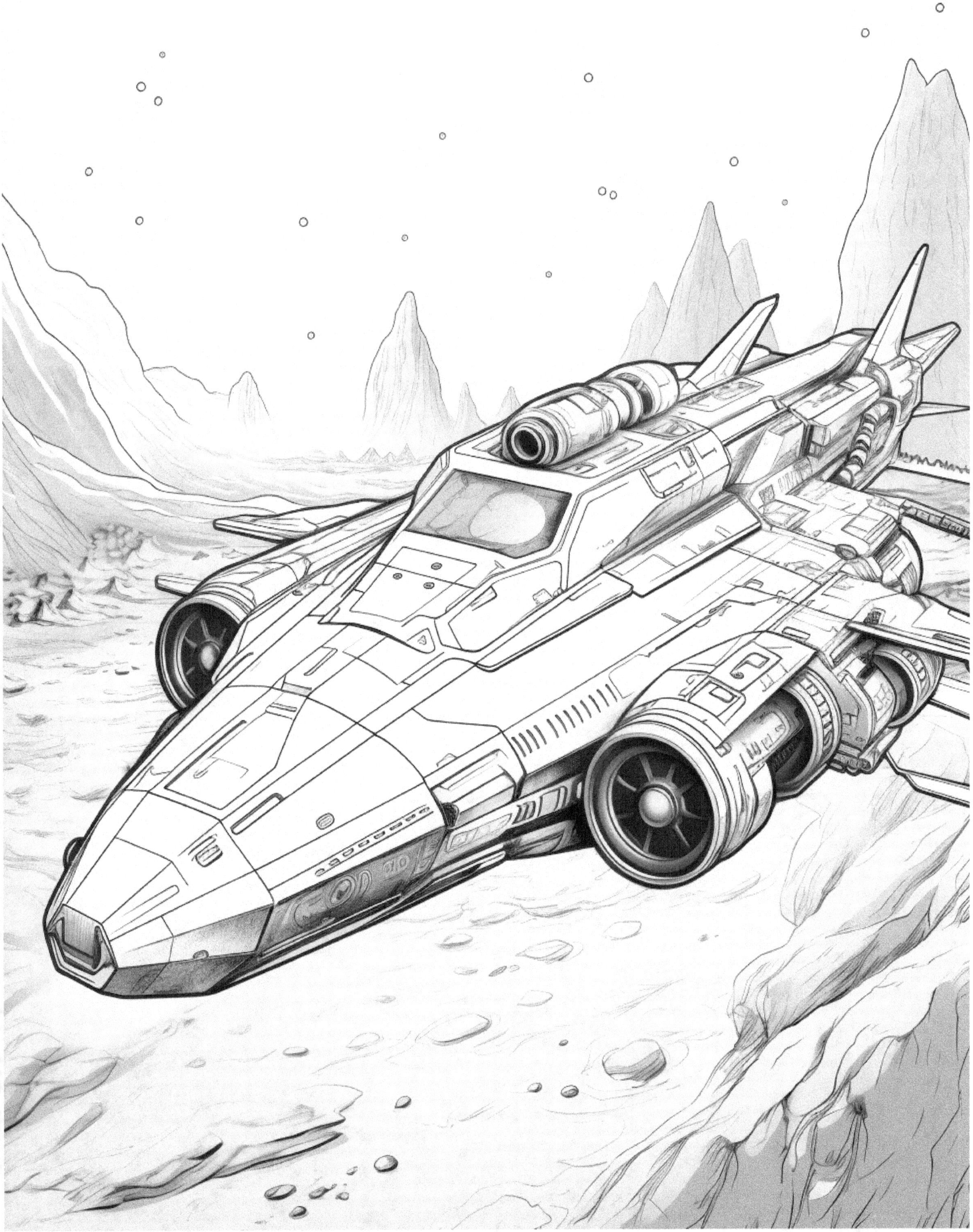

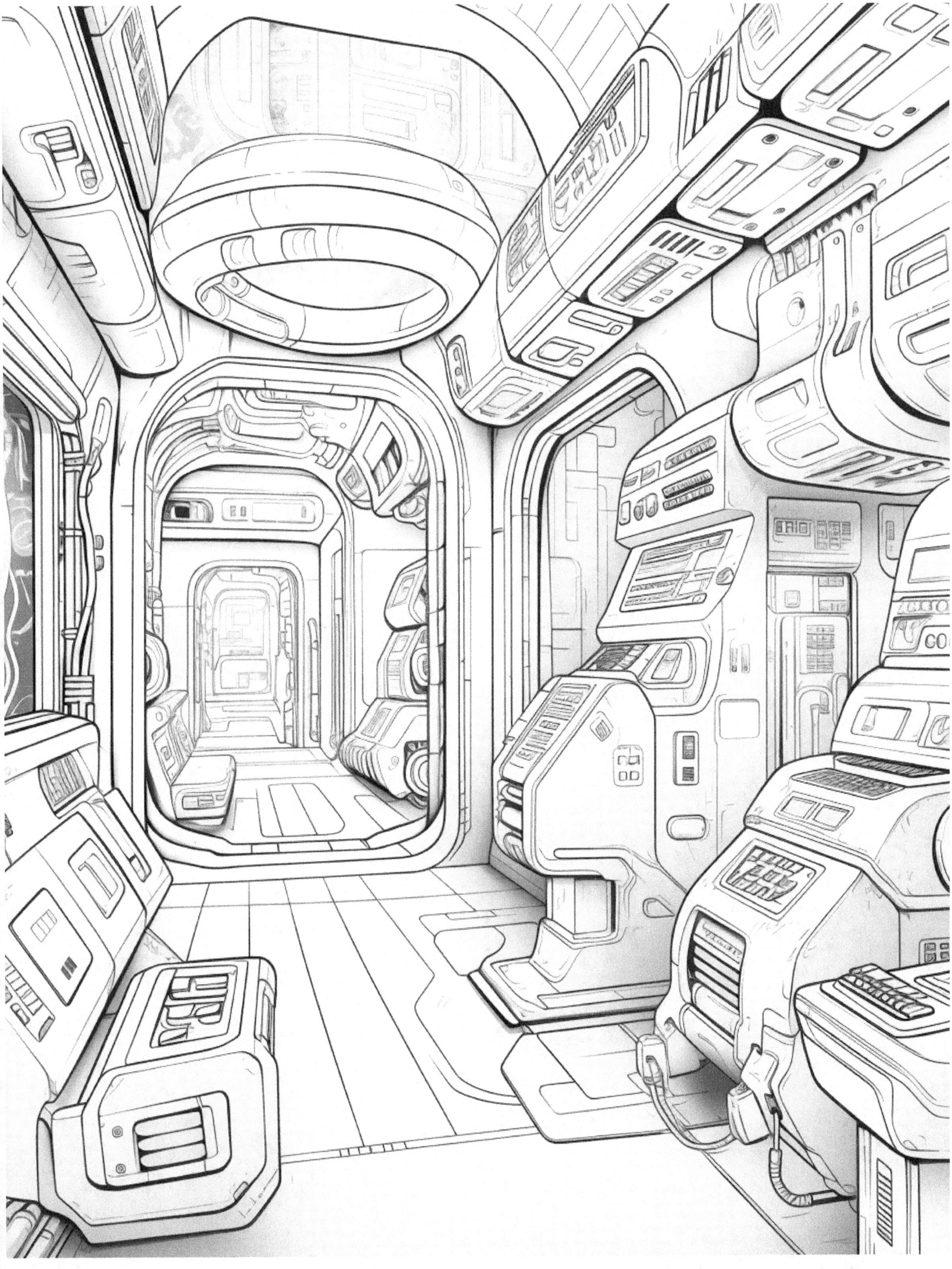

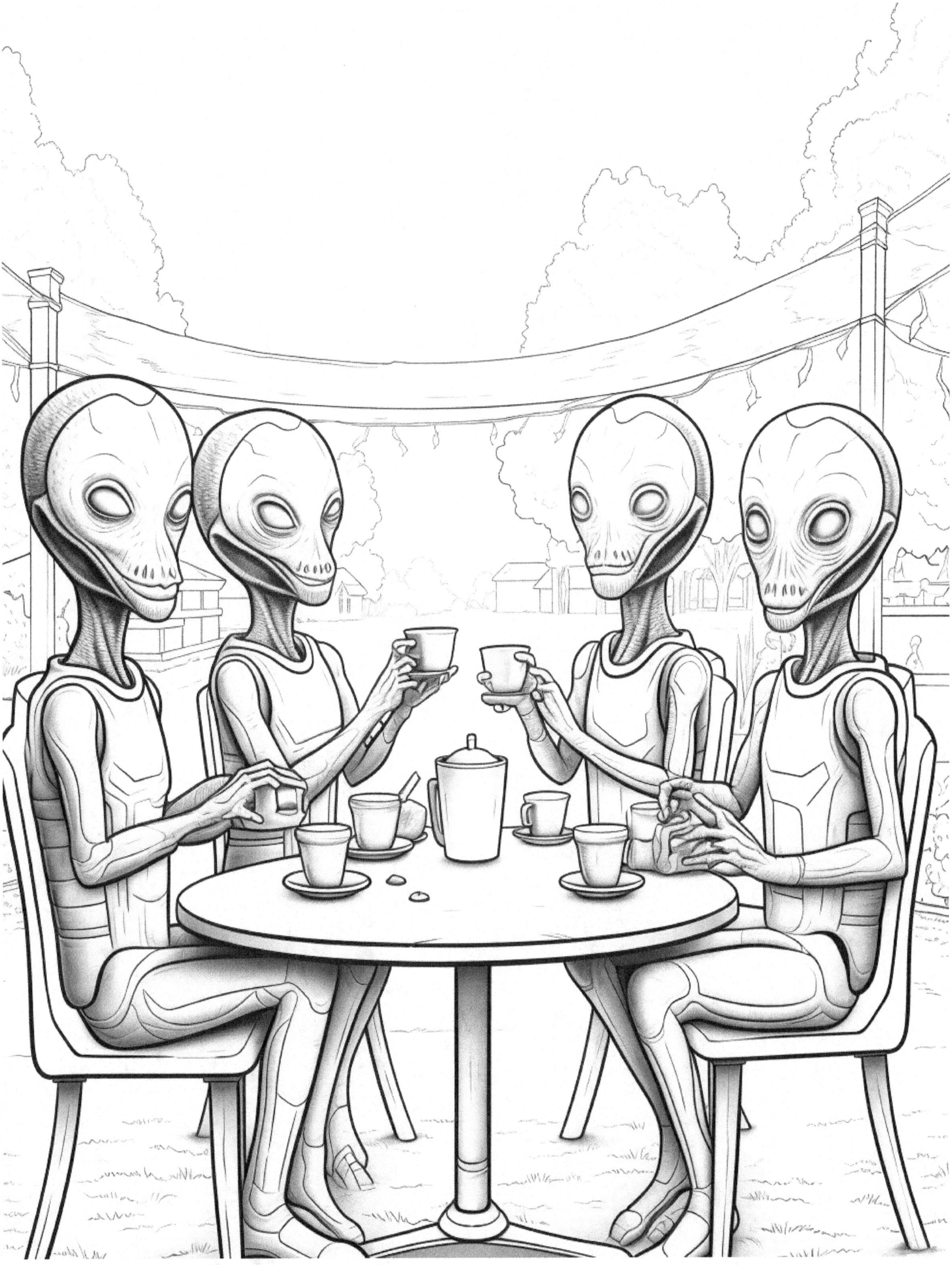

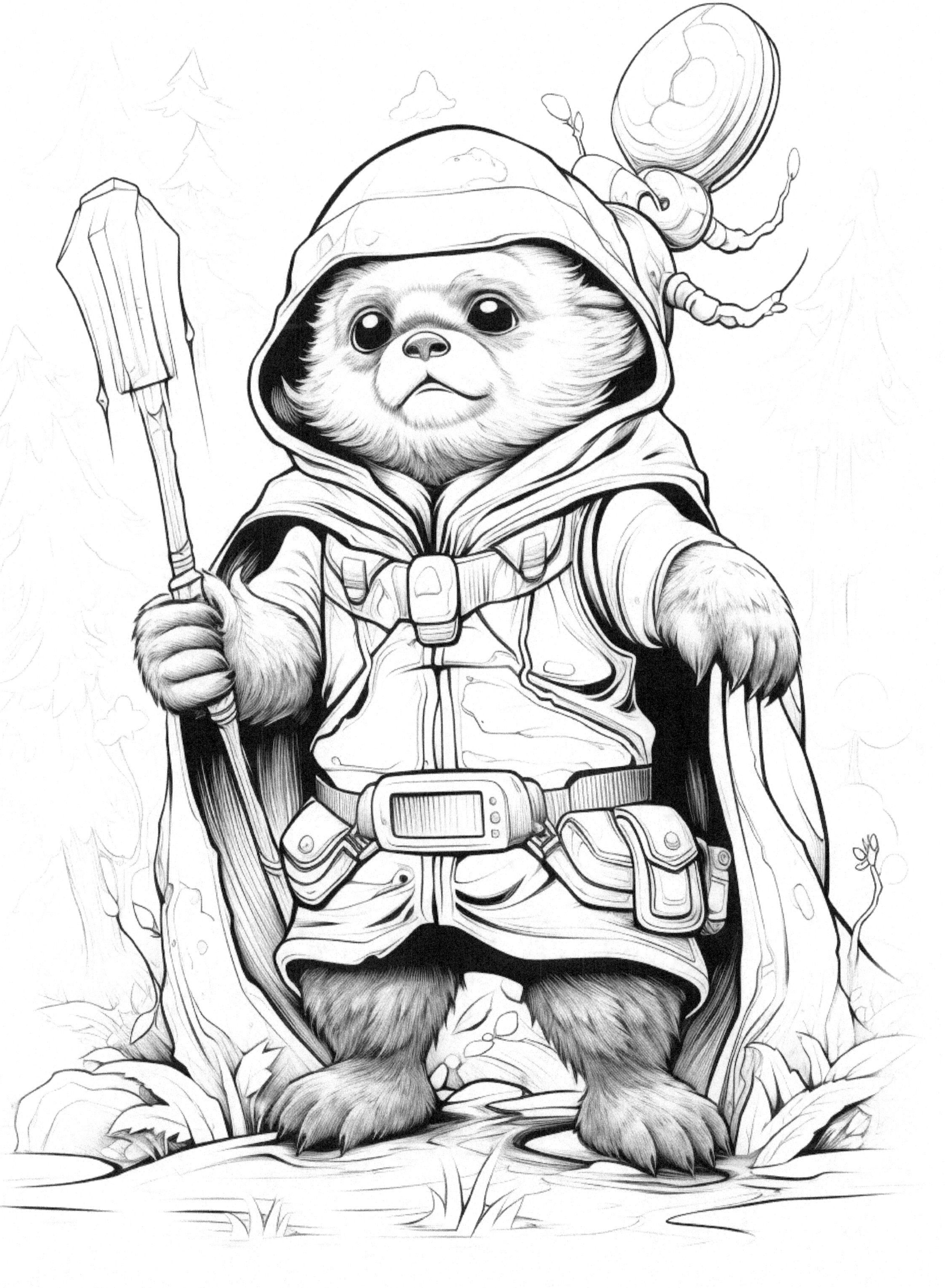

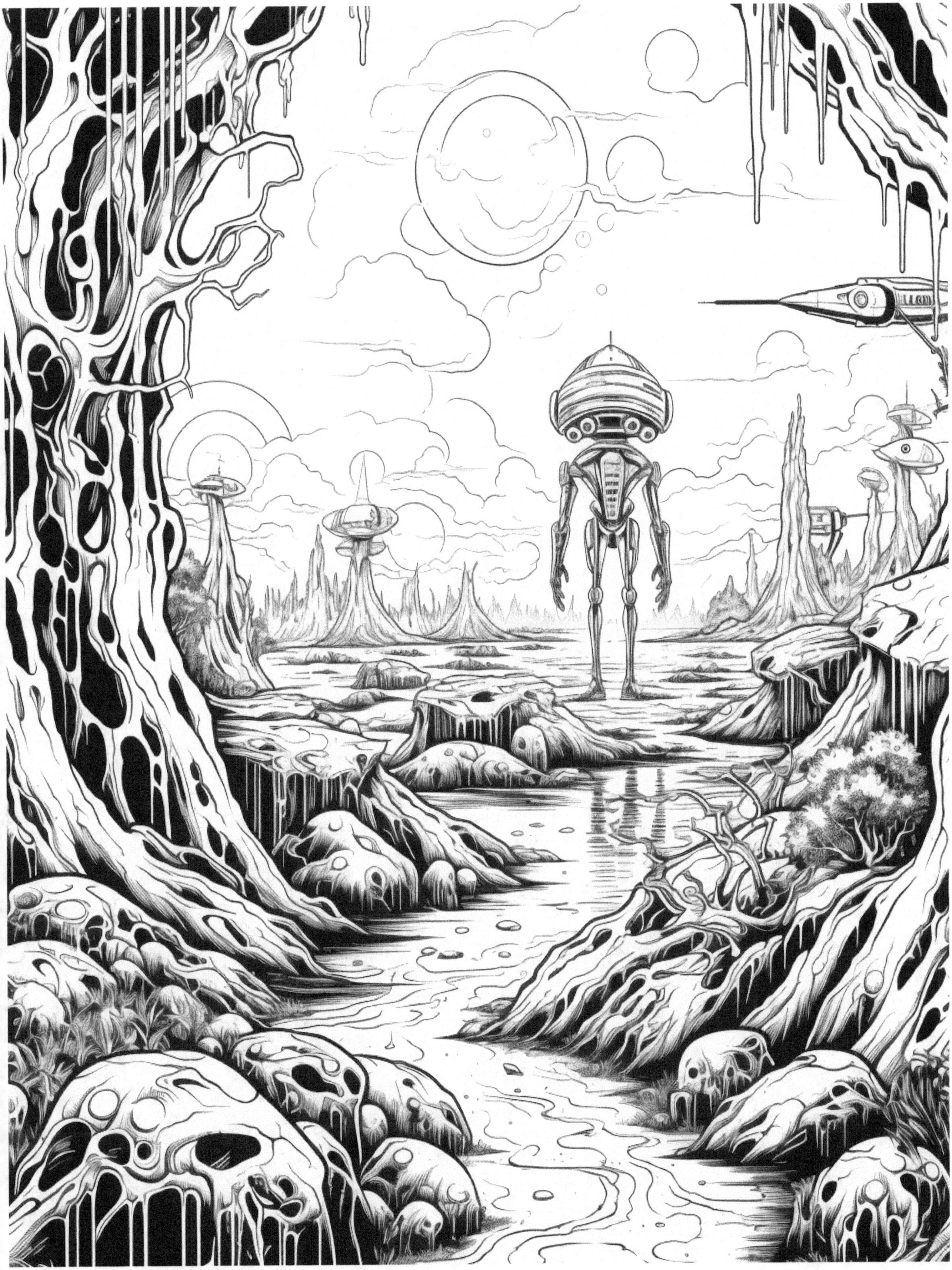

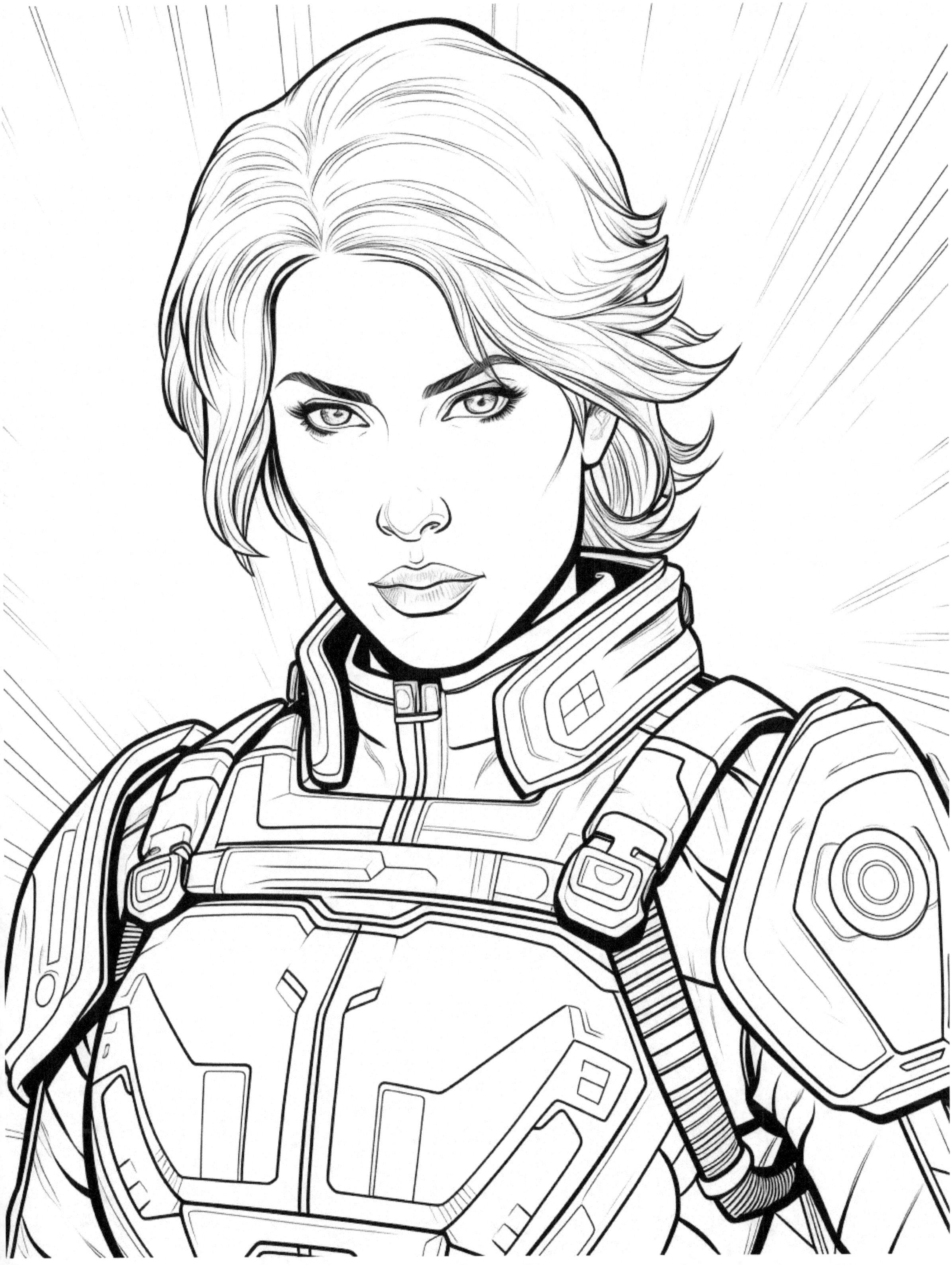

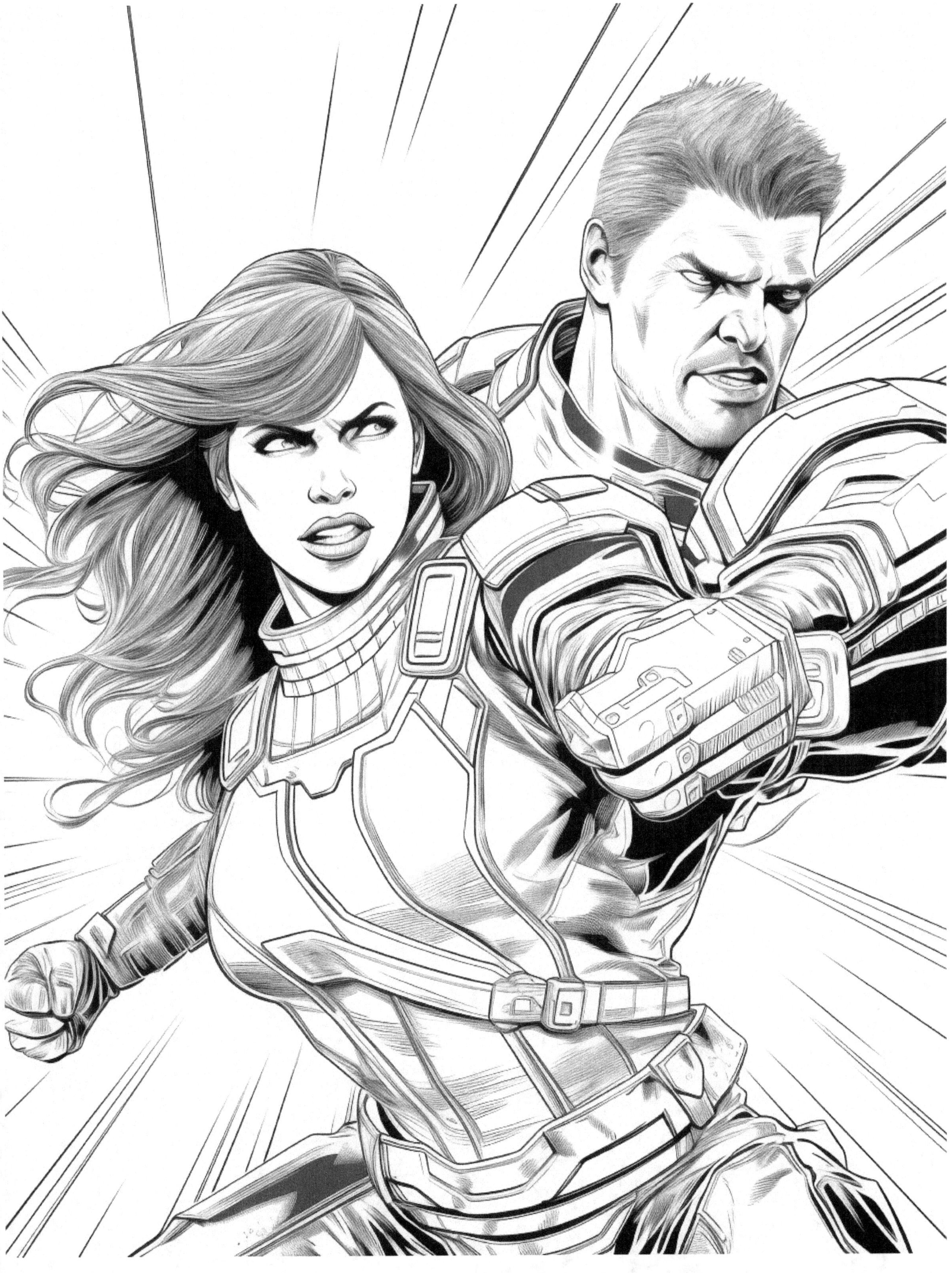

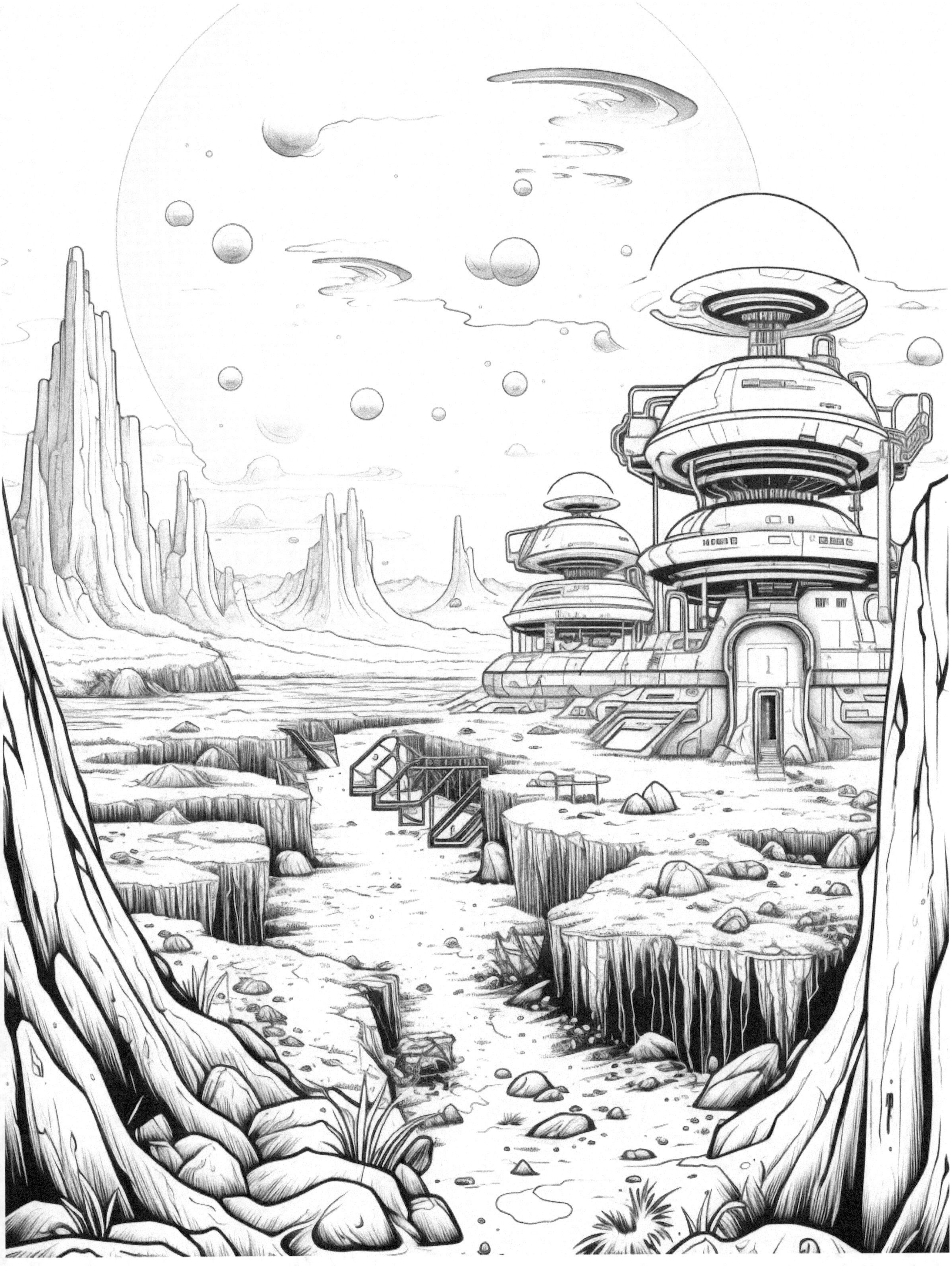

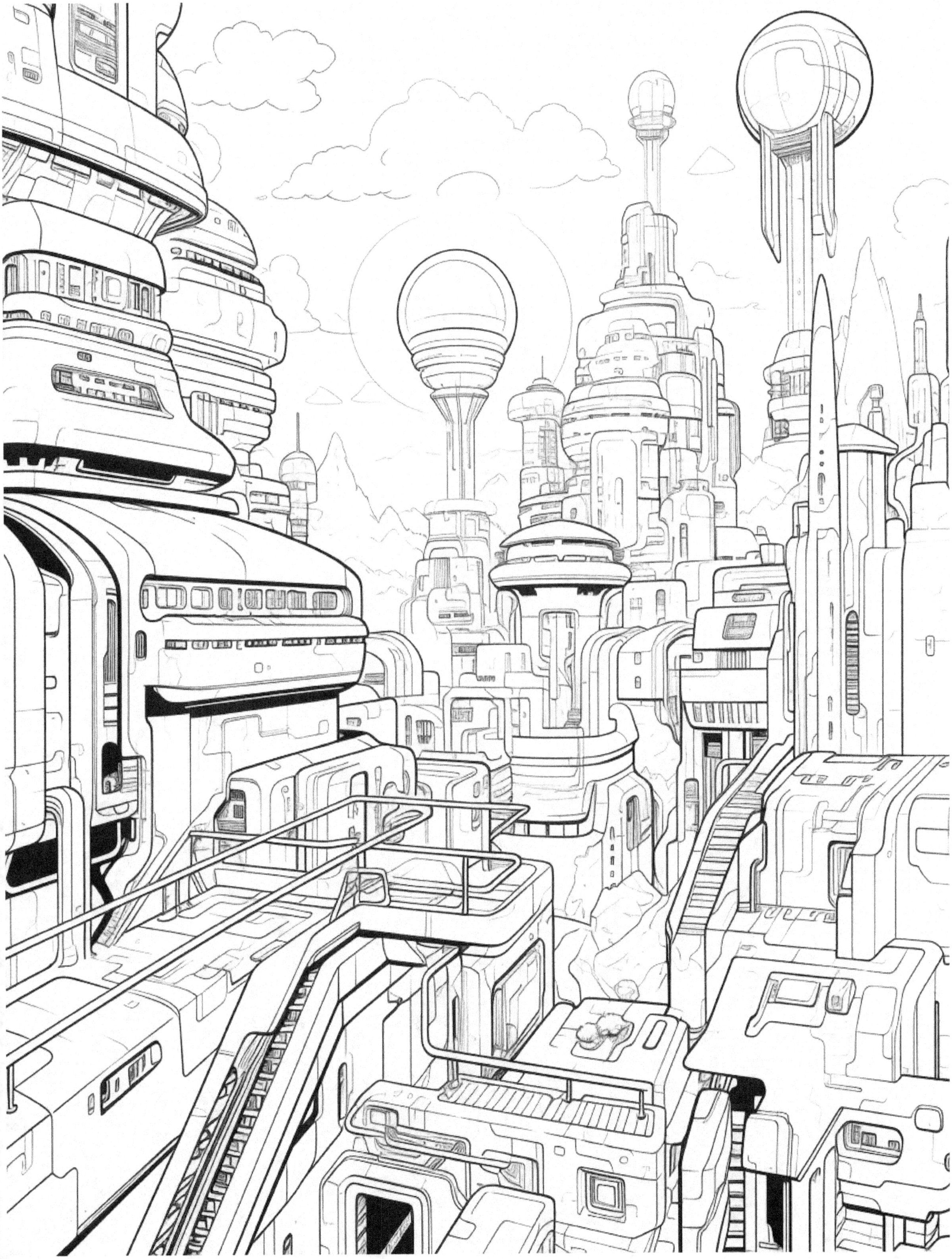

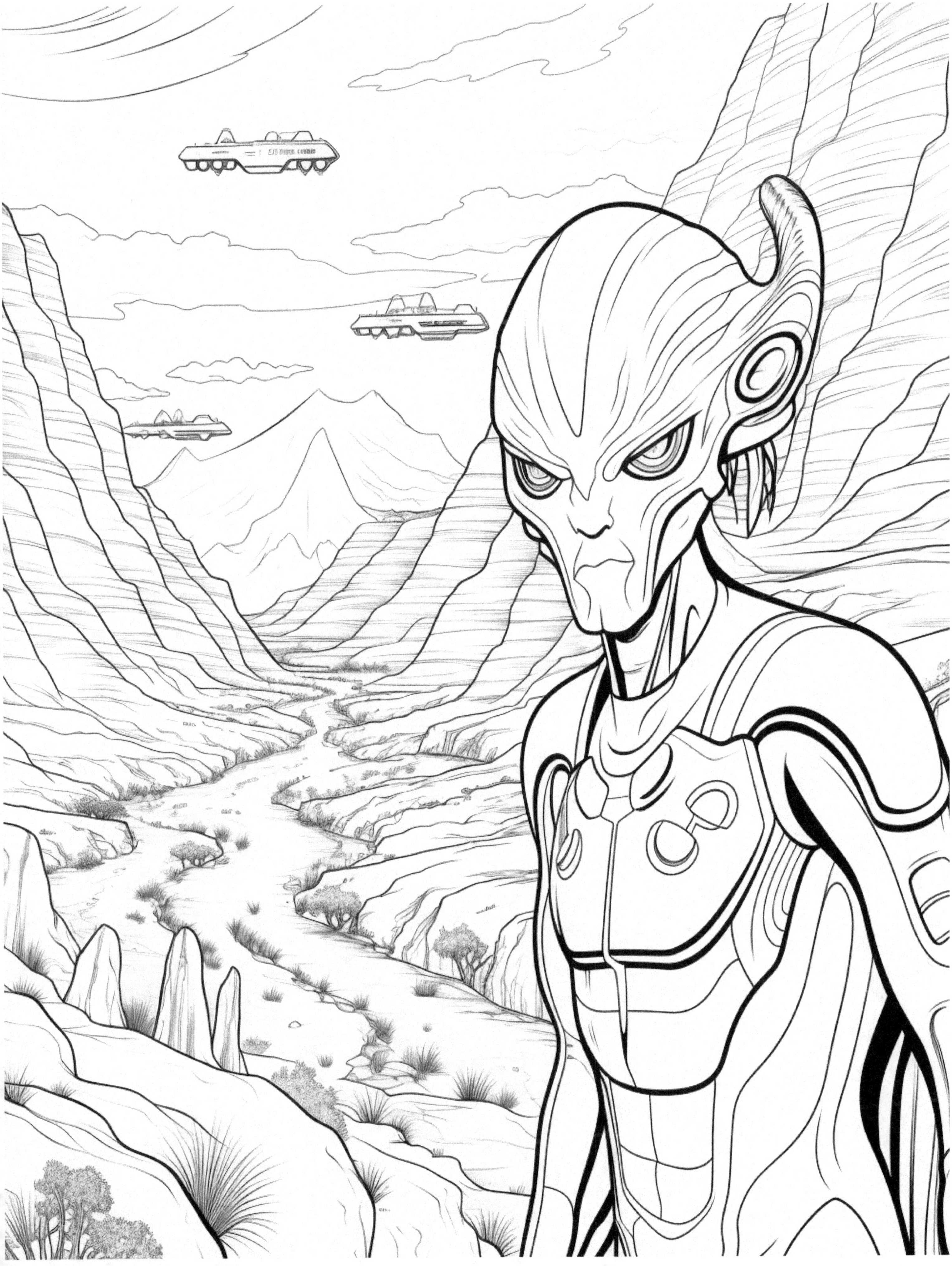

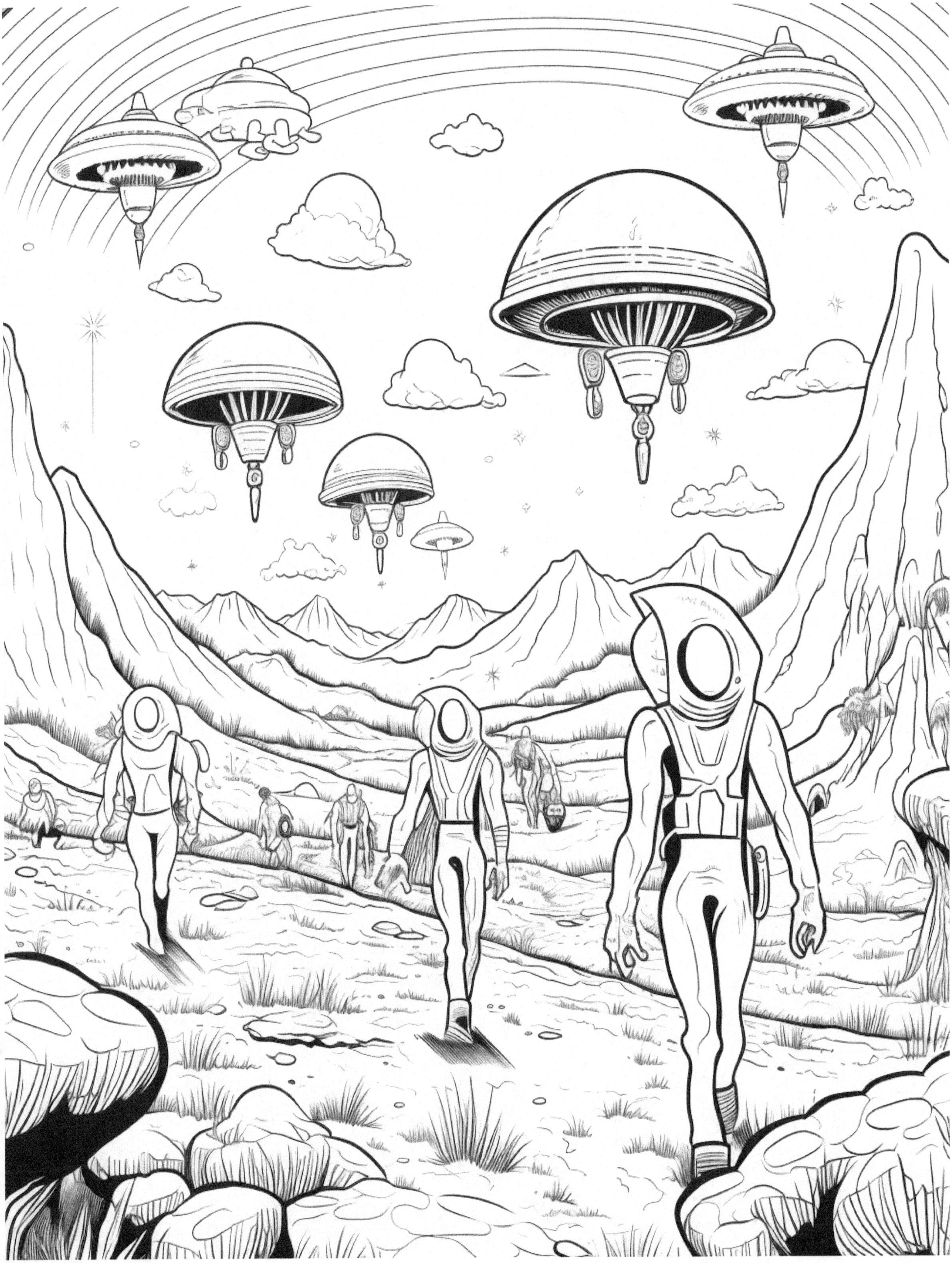

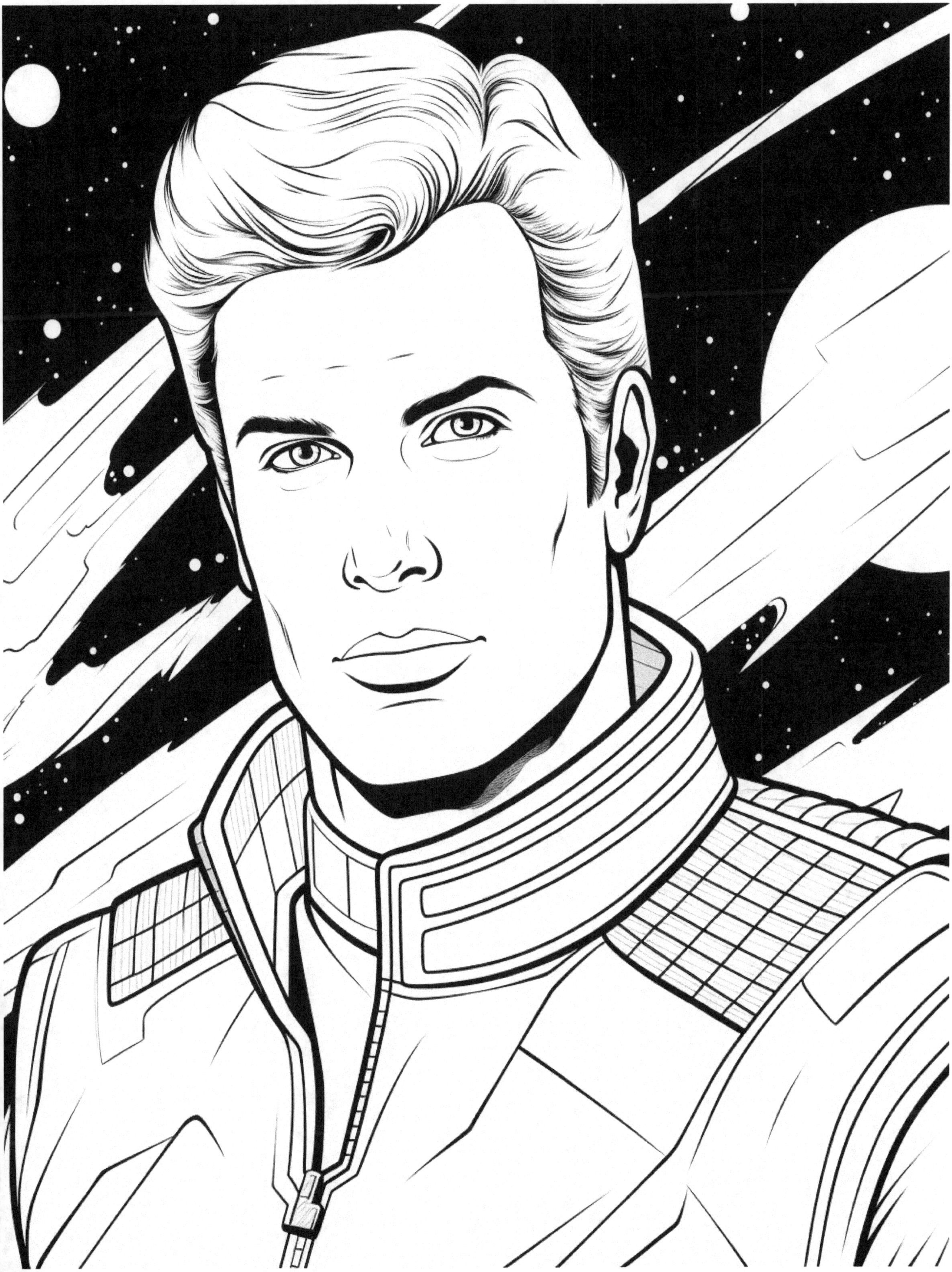

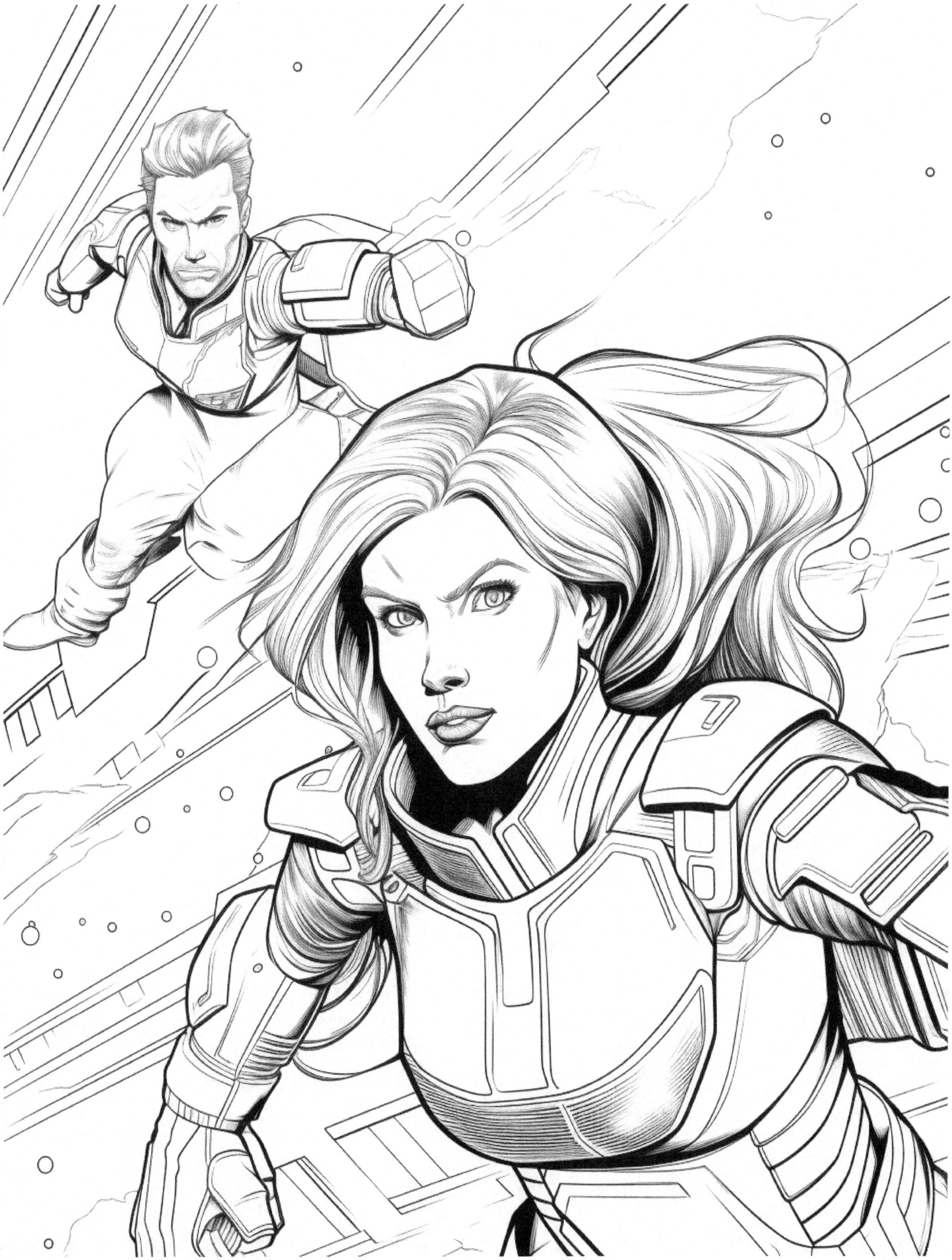

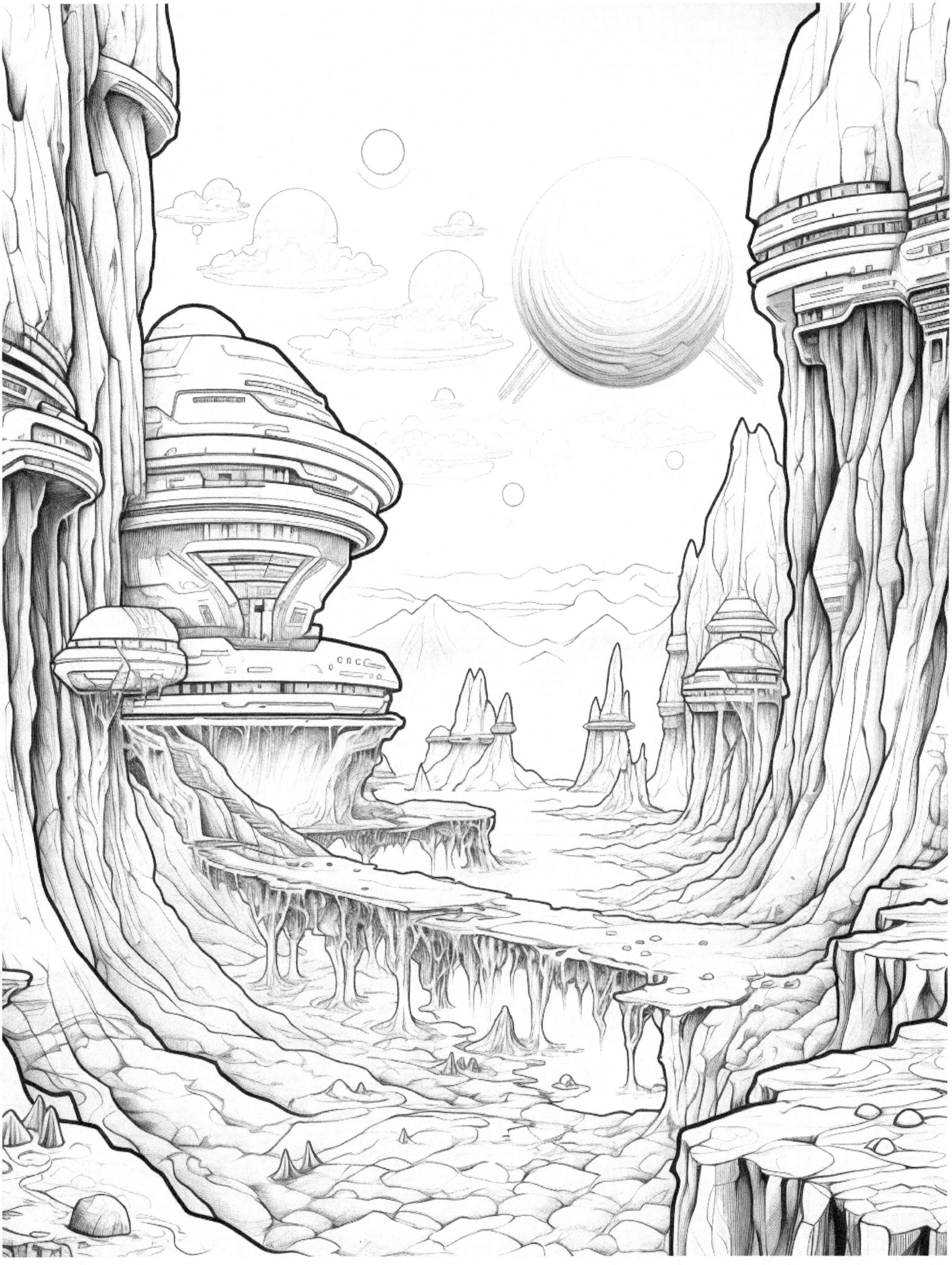

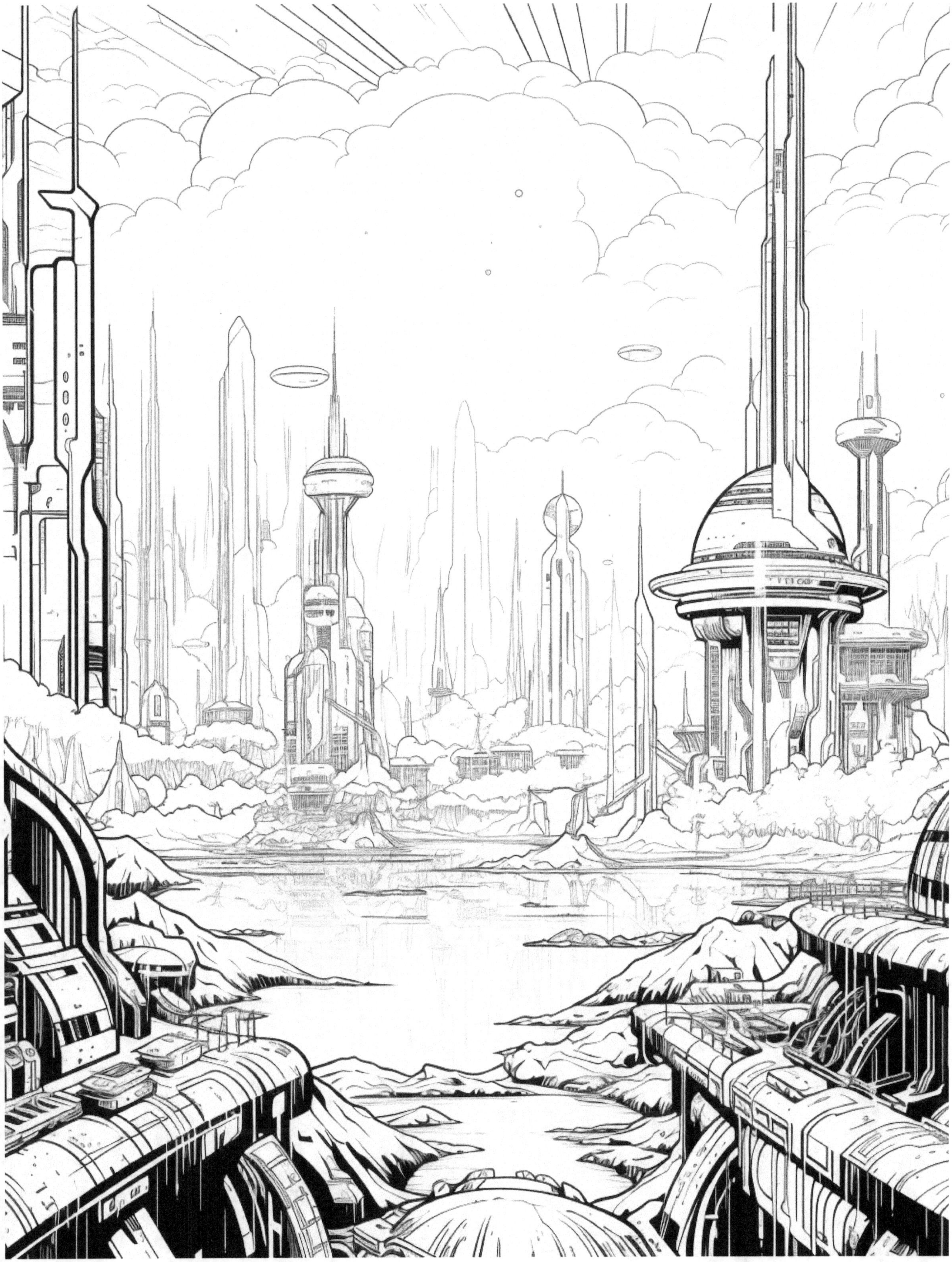

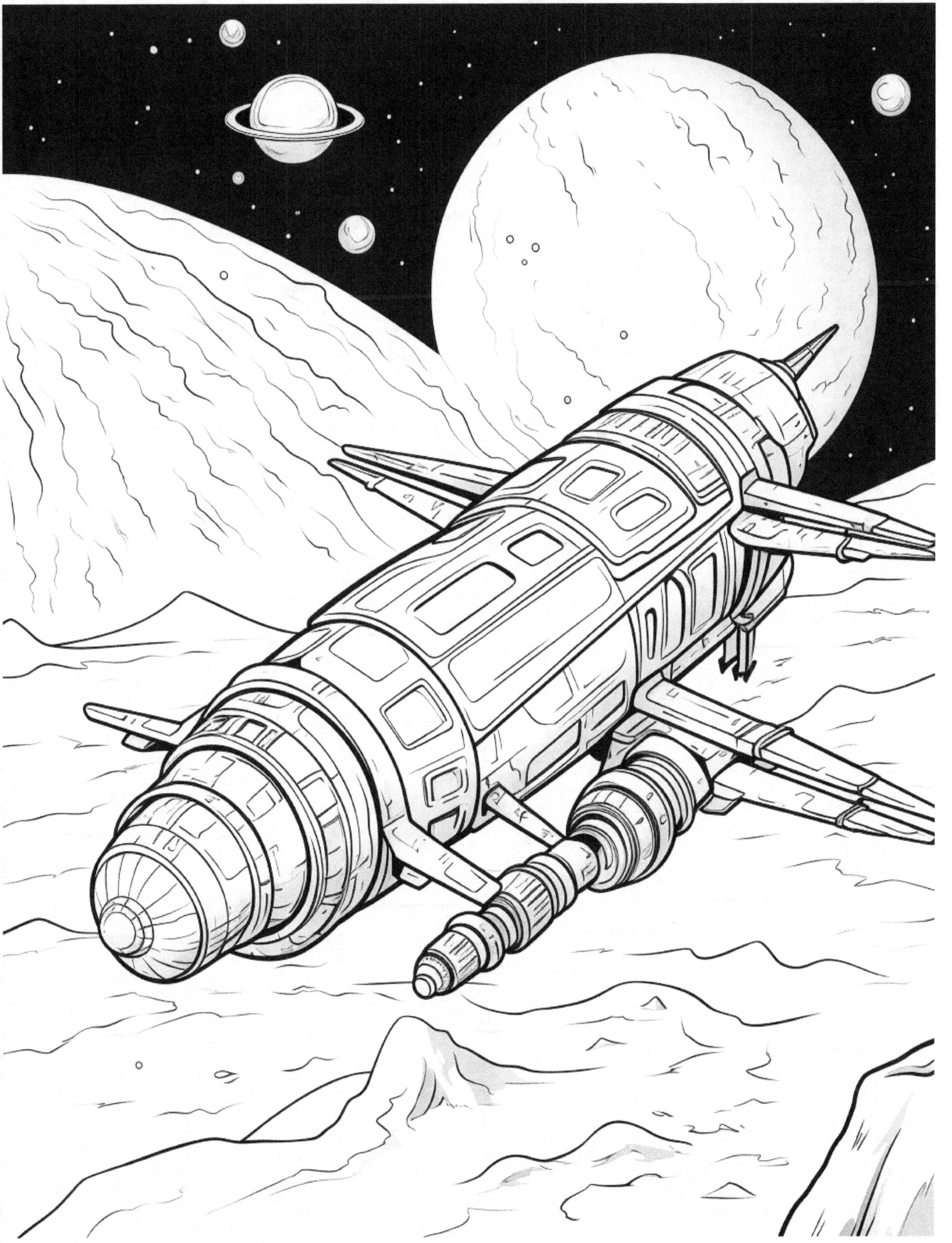

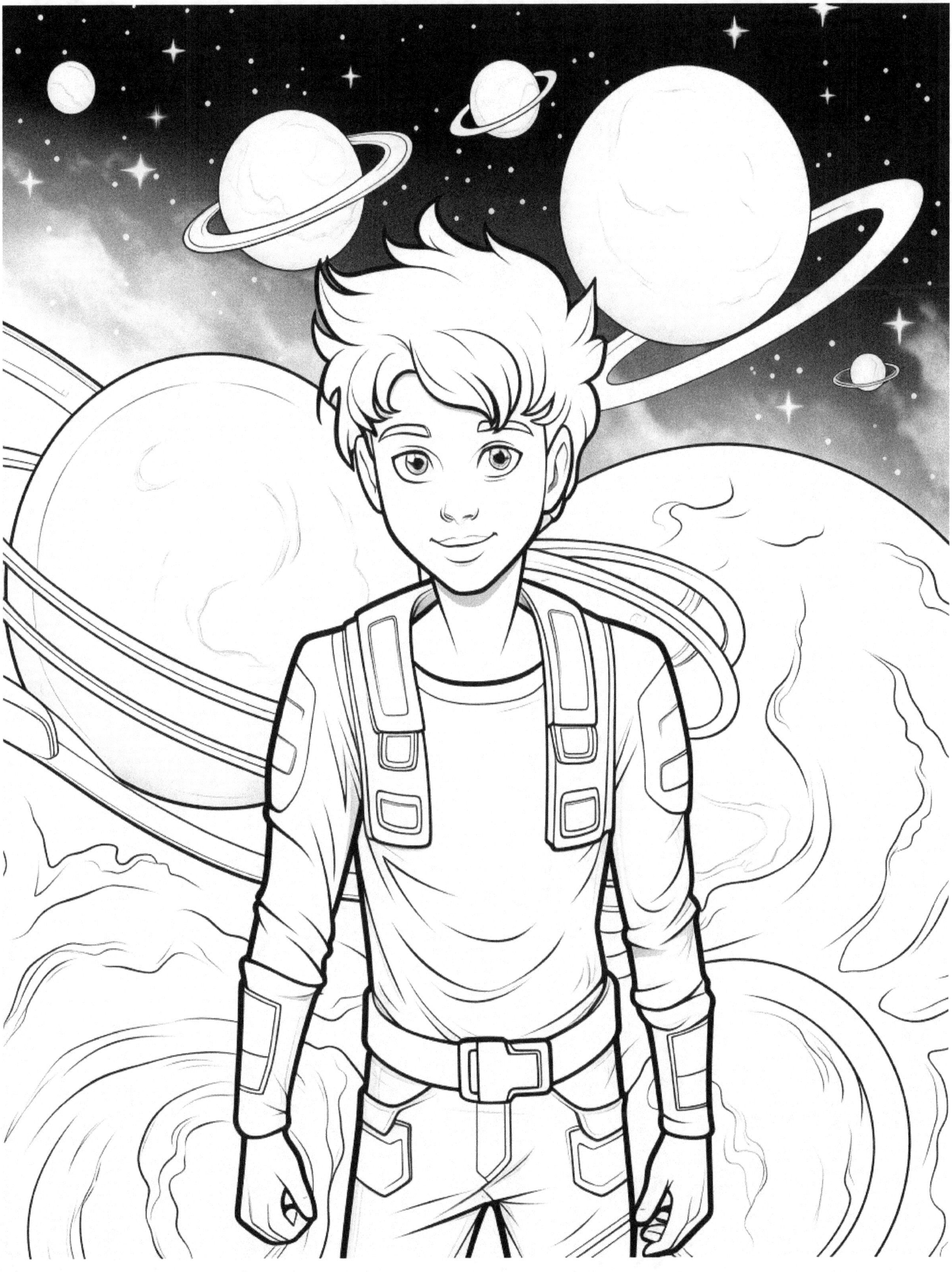

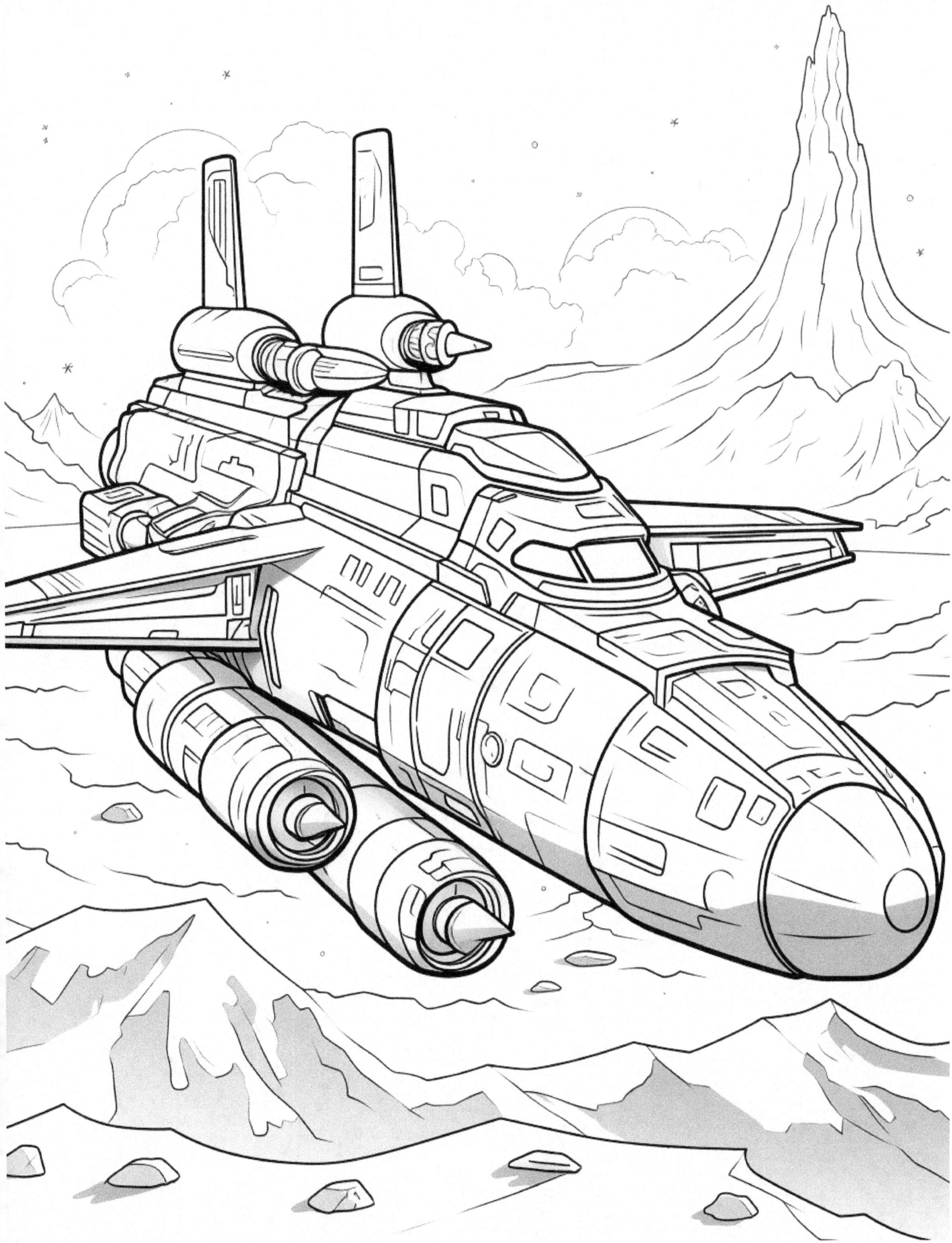

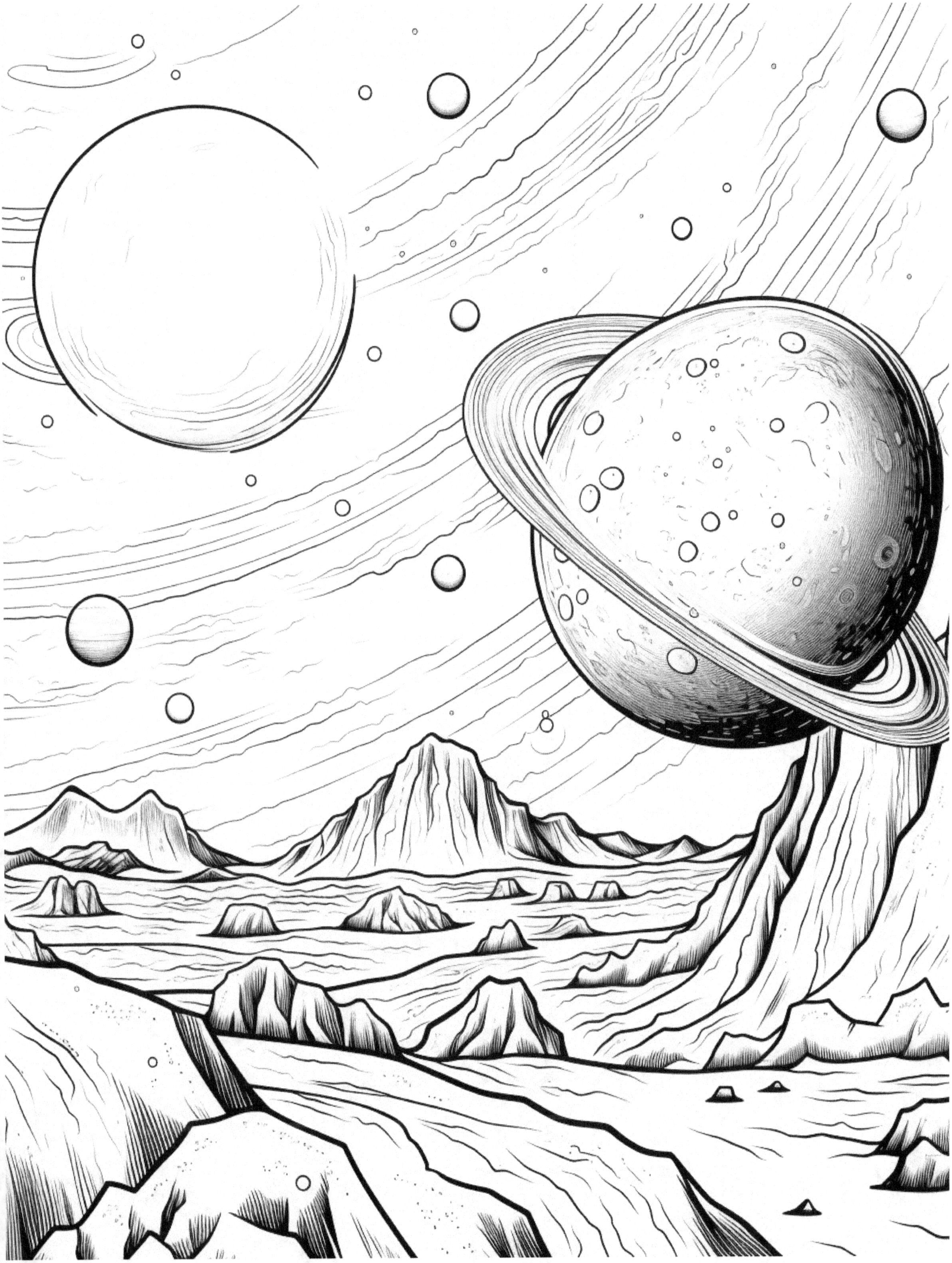

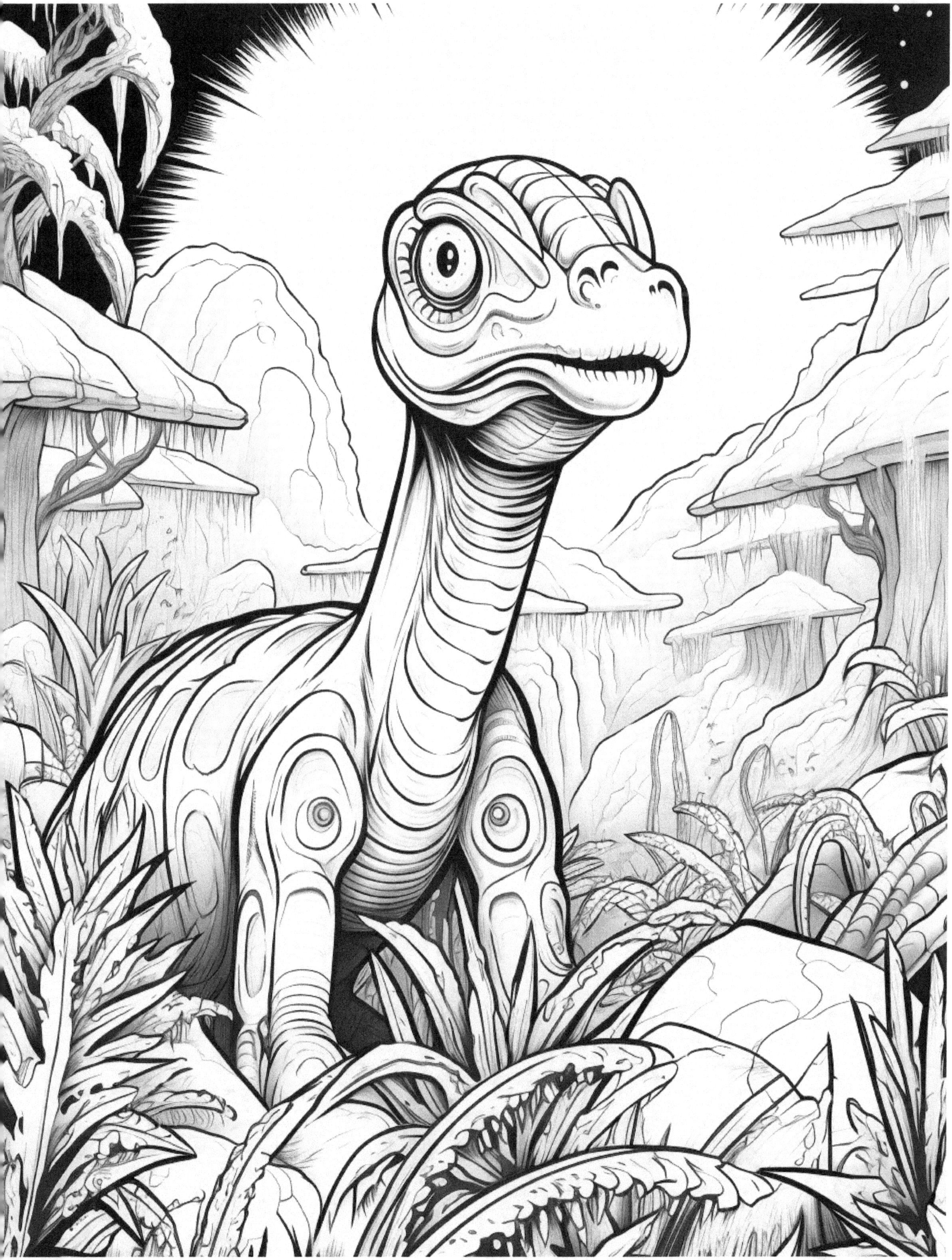

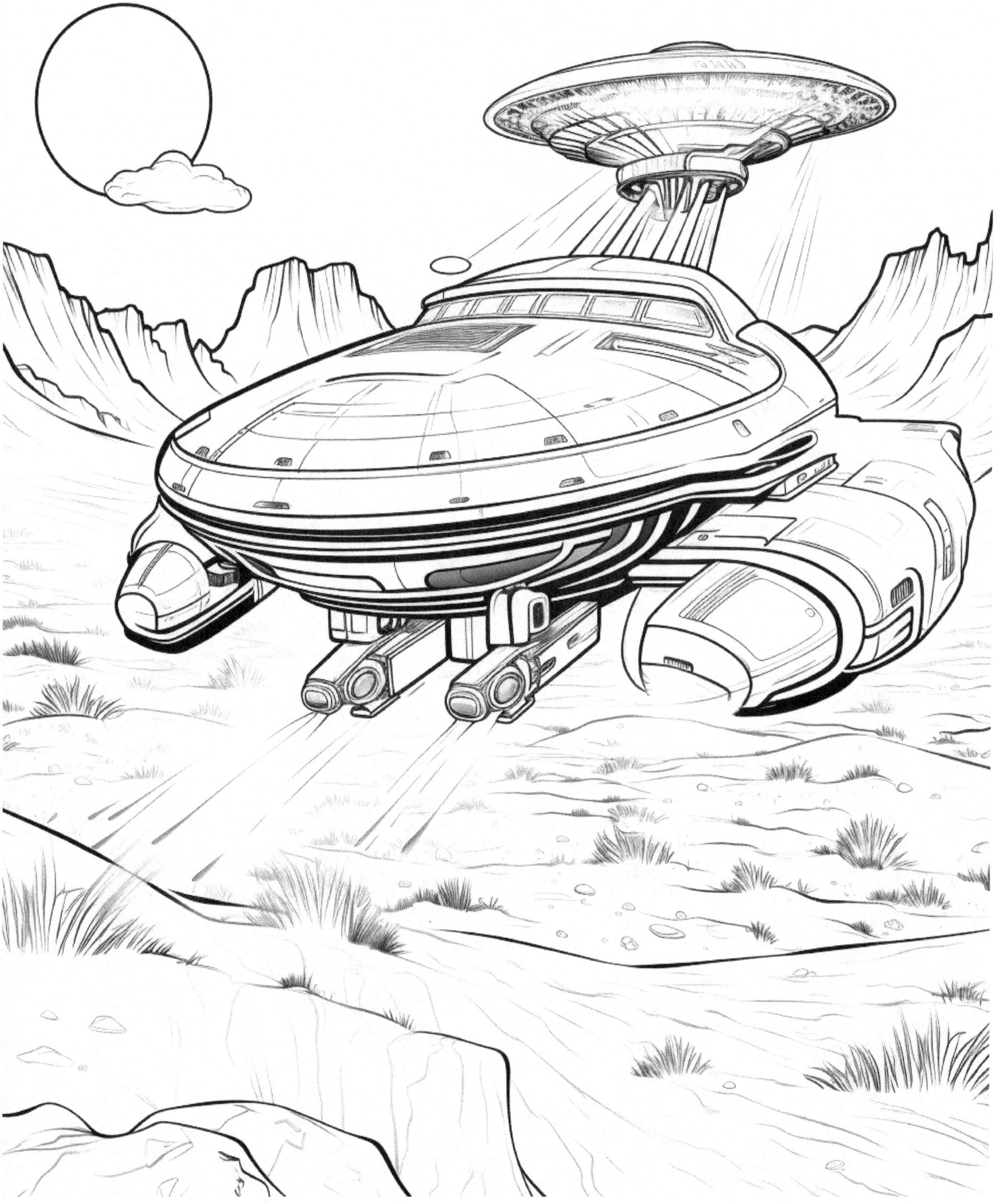

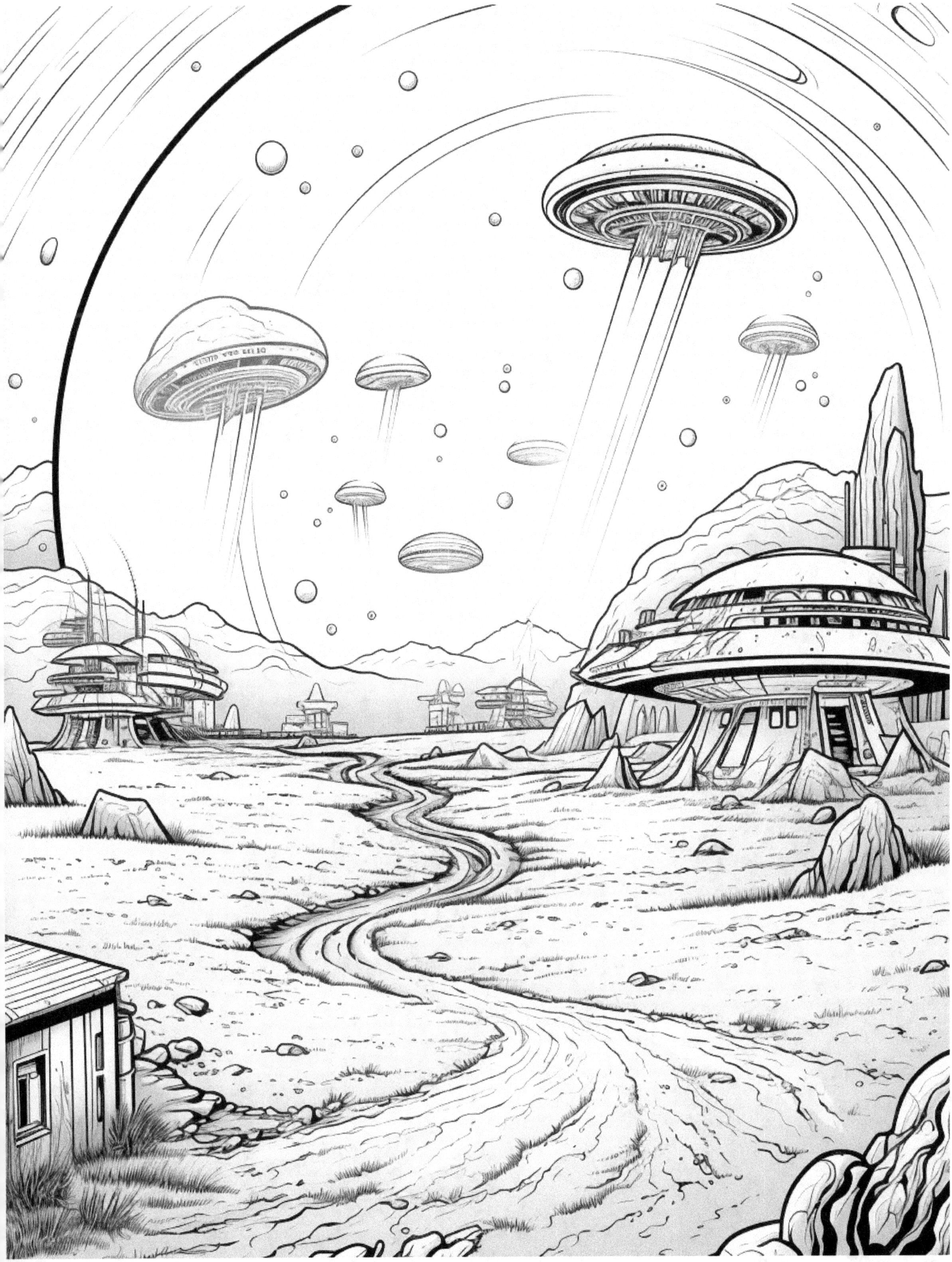

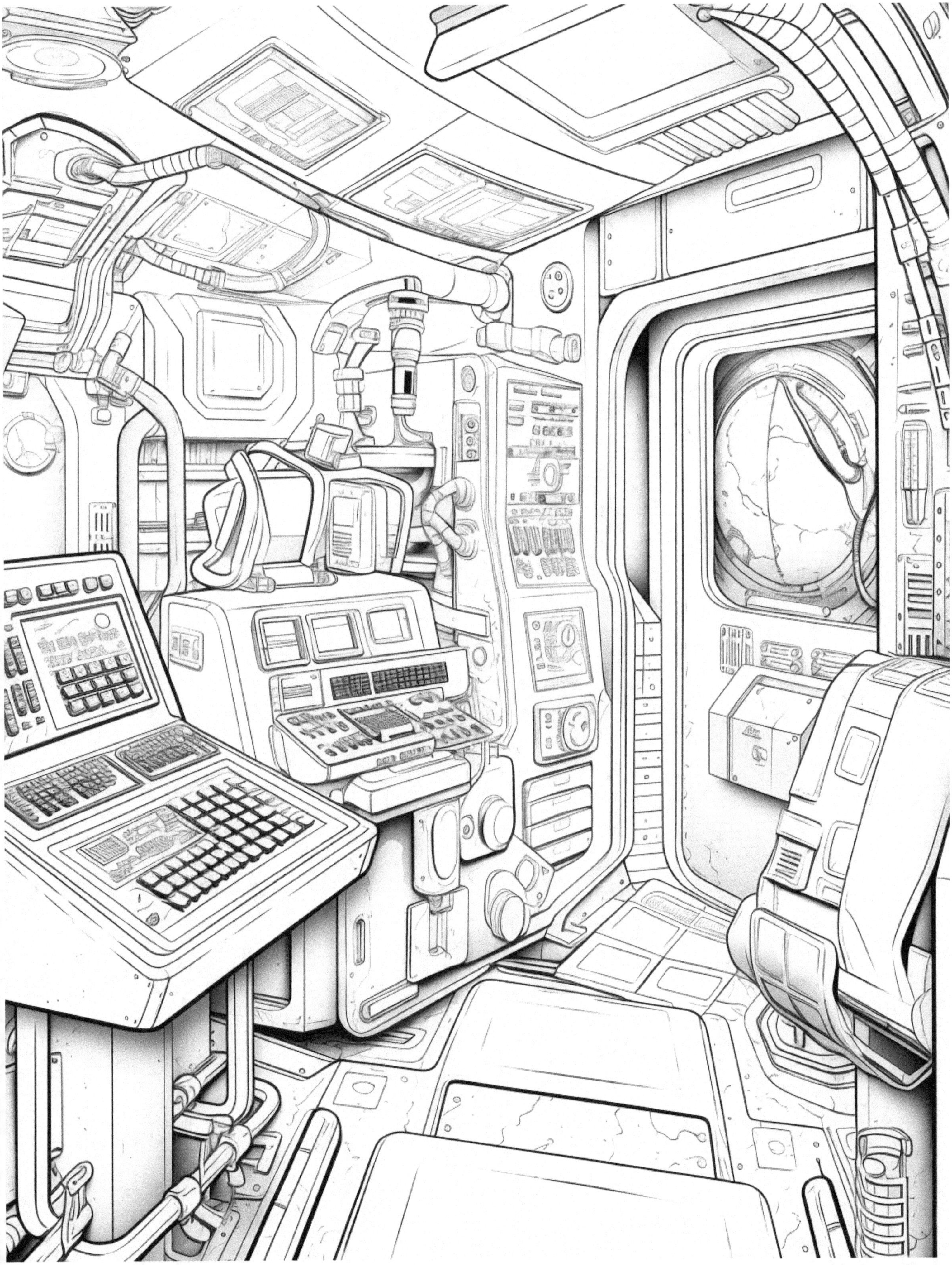

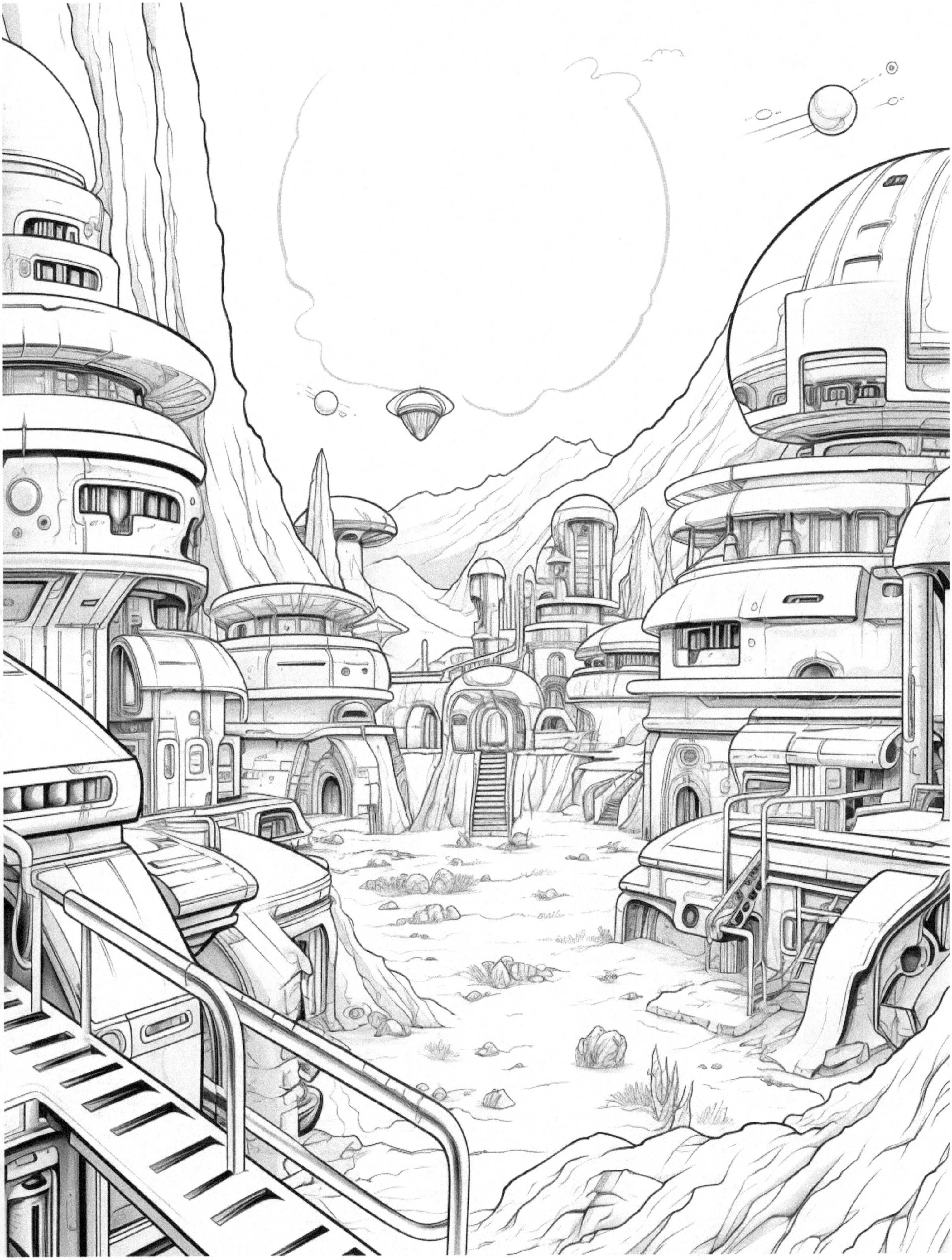

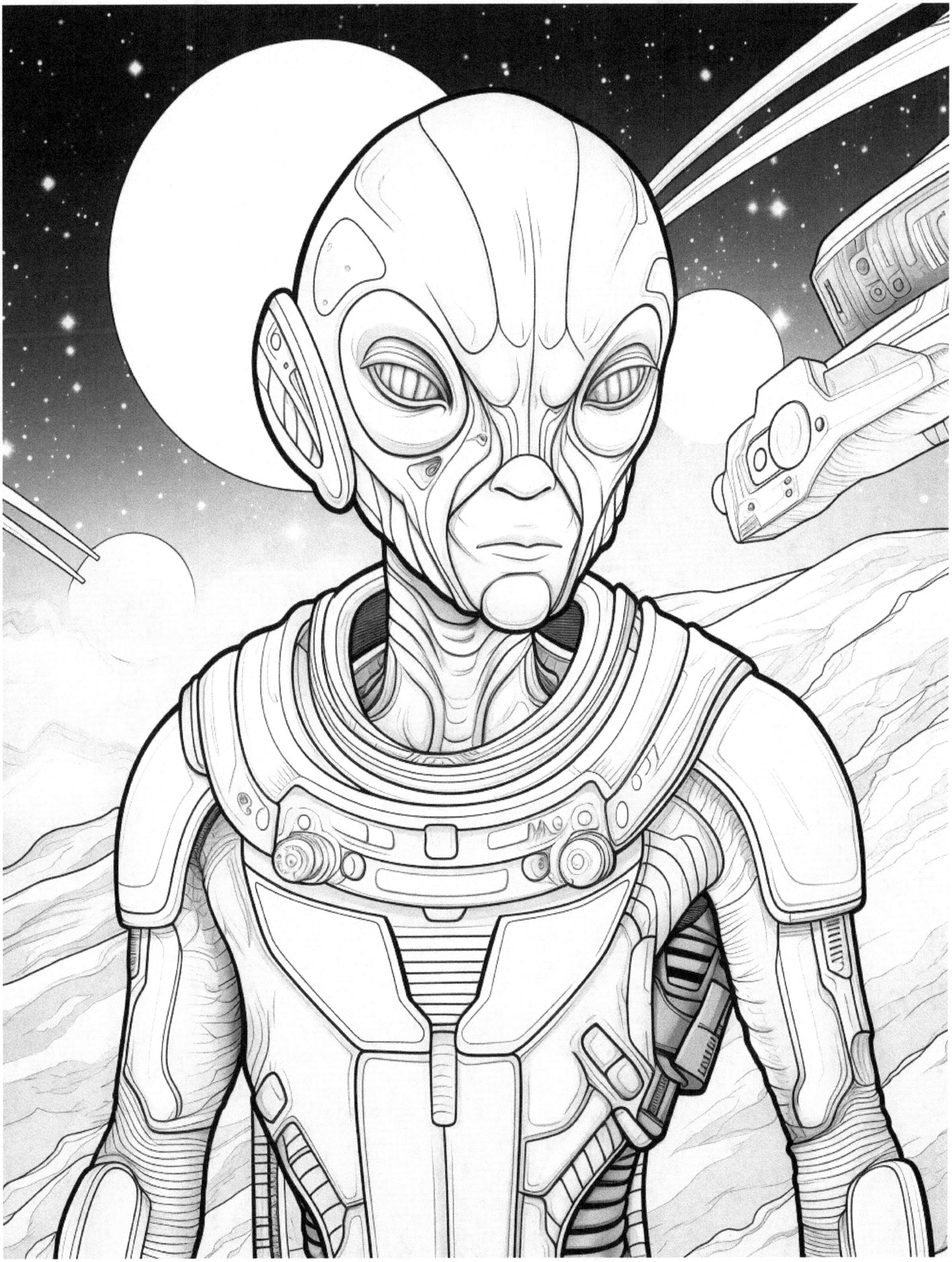

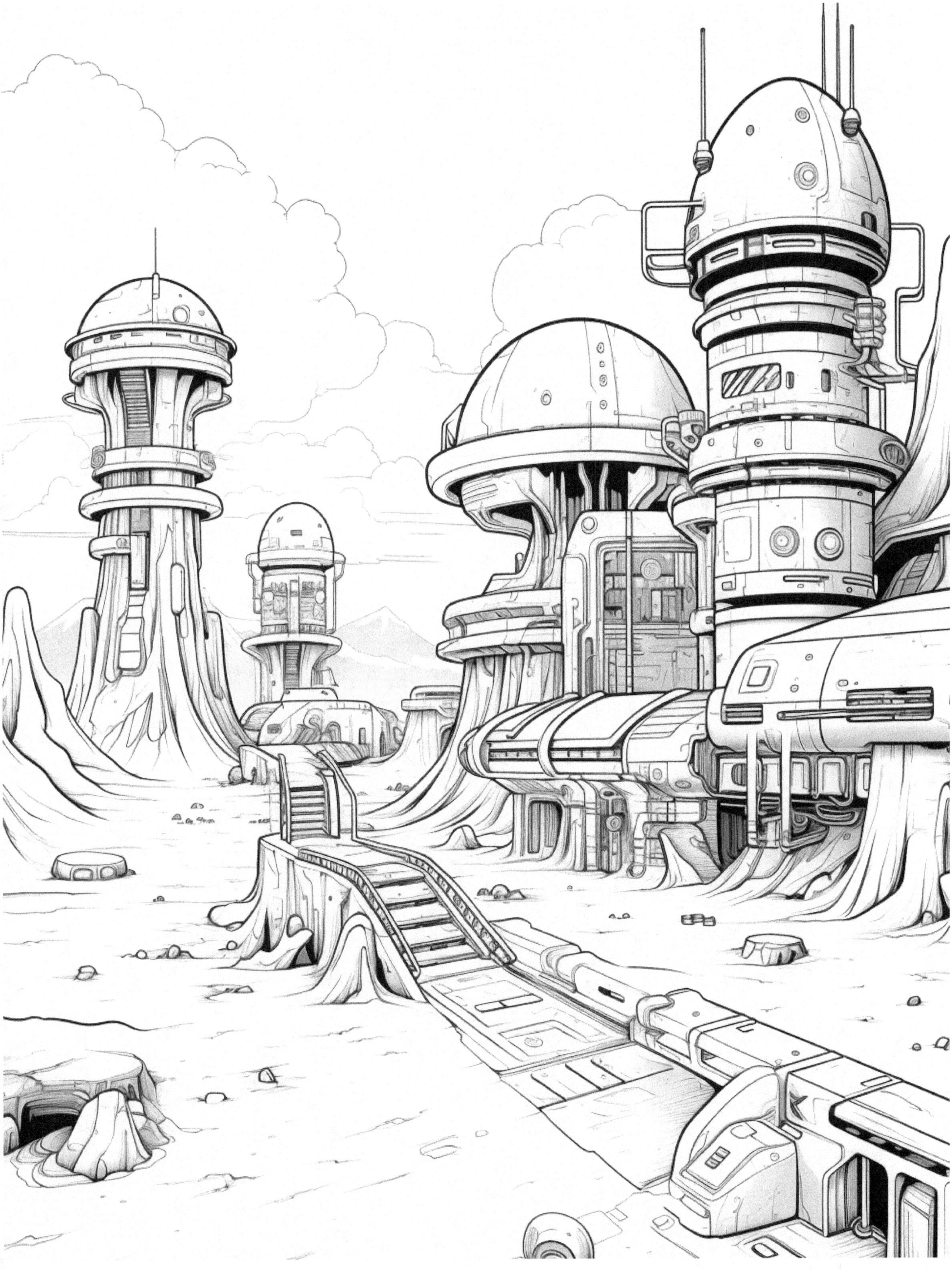

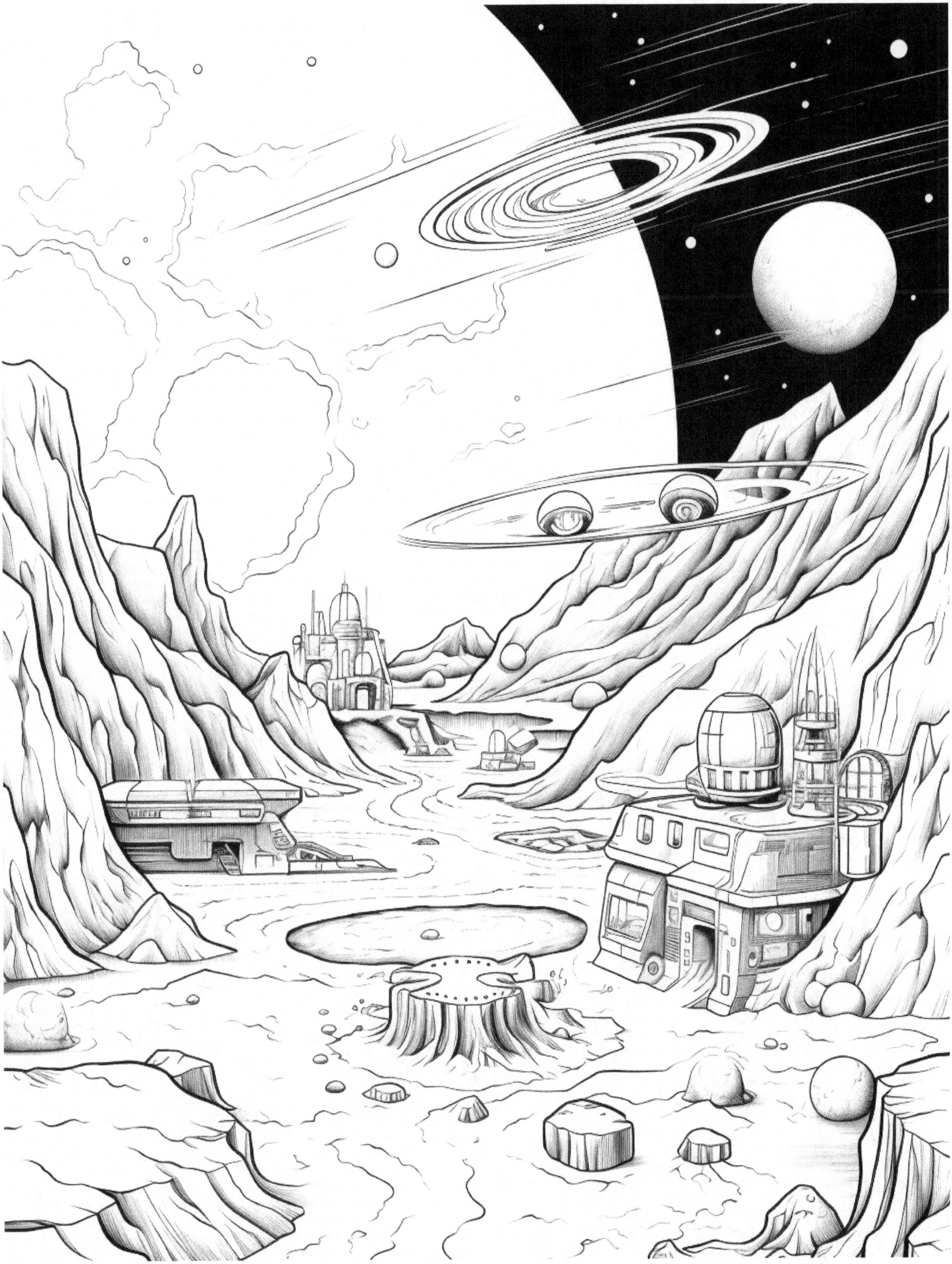

www.ingramcontent.com/pod-product-compliance
Lightning Source LLC
Chambersburg PA
CBHW082221290526
45794CB00009B/3629
* 9 7 9 8 8 5 9 0 0 4 9 8 0 *